INNOCENCE ET CULPABILITÉ

« Espaces libres »

MARIE DE SOLEMNE

INNOCENCE ET CULPABILITÉ

Dialogues avec Jean-Yves Leloup, Philippe Naquet, Paul Ricœur et Stan Rougier

Albin Michel

Albin Michel
▪ *Spiritualités* ▪

Collection « Espaces libres »
dirigée par Jean Mouttapa et Marc de Smedt

PROLOGUE

par Marie de Solemne

Entre bien et mal : l'angoisse du vide

Il faudrait mille mots pour décrire cette angoisse du cœur et de l'âme qui nous étreint lorsque le sentiment de culpabilité frappe à notre porte, entre dans notre vie, s'installe sans grâce au pied de nos désirs.

Qu'ai-je fait ? Qu'ai-je dit ? Pourquoi ai-je si souvent l'impression de n'être jamais attendu, accueilli, désiré, AIMÉ ?

Mais trop souvent les mots nous échappent. Car la culpabilité ne voyage jamais seule, elle marche avec la honte, l'angoisse, le mépris, la crainte de l'exclusion... Ces émotions carnassières qui verrouillent nos lèvres, faisant que depuis longtemps, bien longtemps, ce sentiment est vécu comme purement négatif, destructeur, réducteur.

Alors... fuir, pleurer, mentir, implorer, détruire. Puis, acculé au mur de la honte et de l'incompréhension, avouer ! Avouer n'importe quoi, avouer l'absence de l'autre, son manque d'aimer ; avouer l'absurdité, se déclarer sans grâce. Pour que les portes ne claquent pas, que les cœurs ne se figent pas, que les regards ne se détournent pas. Se détruire peu à peu dans le souci constant d'être ce qu'on n'est pas, qu'on ne sera jamais, et rêver en souffrant d'une vie qui ne demanderait pas sans cesse à être justifiée.

Oui, le sentiment de culpabilité a ce goût-là. Un goût paradoxal : amer et fade. Oui, il peut être noir, pesant, stérile et désespérant. Mais n'est-il pas aussi le reflet de notre sensibilité à l'autre ? Ne serait-il pas la lanterne rouge allumée par notre conscience, lorsque nous sommes menacés d'indifférence à l'égard d'autrui ?

Changer de regard modifie alors profondément notre relation au monde. Non plus se martyriser d'une culpabilité génératrice de sentiments morbides, mais accepter ses limites avec indulgence et utiliser la morsure du remords pour être encore plus attentif à l'autre, pour apprendre à aimer au lieu d'attendre de l'être...

Il y a une infinie douceur à aller au-devant de l'amour, au-devant de la demande. Il y a une lumineuse noblesse à offrir ce qui nous manque et à nous réjouir d'un simple sourire.

Oui, peut-être sommes-nous condamnés à faire mal pour apprendre à bien faire... L'homme est imparfait, mais néanmoins perfectible. Mais pour y parvenir, le sentiment de culpabilité s'avère être une aide précieuse. Sans lui, comment évoluer ? Comment ne pas sombrer dans le néant de l'indifférence ?

Aimer (l'autre, mais aussi soi-même) est sans doute le plus sûr moyen de transformer la culpabilité morbide en culpabilité saine, c'est-à-dire d'échapper à la névrose pour entrer dans la maturité de l'état responsable.

Alors si, comme nous le dit Stan Rougier : « Il faut toute une vie pour apprendre à aimer » : n'est-il pas temps d'identifier avec justesse nos alliés ?

Considérer le sentiment de culpabilité comme l'informateur de notre degré de sensibilité et non le destructeur de notre capital bonheur paraît être le chemin de la sagesse et de la paix, même si, parfois, le tracé de ce chemin nous semble bien tortueux...

Le sentiment de culpabilité : sagesse ou névrose

Dialogue avec Paul Ricœur

Pour commencer, pouvez-vous nous aider à cerner la nuance existant entre la « culpabilité » et le « sentiment de culpabilité ».

Cette distinction verbale est faite lorsque l'on veut distinguer la culpabilité effective (le fait d'être effectivement coupable, mais d'abord aux yeux des autres) d'une culpabilité qui peut être mesurée à une échelle de fautes.

Un tribunal pénal, par exemple, aura à juger de la culpabilité d'un meurtrier ou d'un voleur, et le jugement sera alors rendu par un tiers. Un tiers qui ne sera ni la victime ni le coupable. Nous pouvons alors parler de culpabilité objective (objective au sens extérieur), c'est-à-dire comme un fait.

Quant au sentiment de culpabilité, il s'agit plutôt de la façon dont cela est ressenti par celui qui est accusé. Accusé par les autres ou par lui-même. S'il y a bien deux possibilités, la première étant celle d'avoir à faire face à une accusation extérieure, le point ultime de resserrement, de repli, sera l'intériorité de « se » sentir coupable, de « se » déclarer coupable, de « se » reconnaître coupable. C'est là où se trouve le sens vraiment fort de la culpabilité.

Il est d'ailleurs intéressant de voir que notre grammaire comporte un « accusatif ». Il s'agit de « me » et non pas de « je » : nous disons bien « je *me* sens coupable ».

Nous pouvons donc aller du fait d'être reconnu coupable par une instance externe (tel un tribunal où il s'agit d'une accusation face à face) jusqu'à l'auto-accusation, qui est alors ce qu'on appelle le « sentiment de culpabilité ».

Peut-on dire que la naissance du sentiment de culpabilité vienne de l'éveil de la conscience ?

La question est très intéressante parce que la langue française ne dispose pas de deux mots différents pour exprimer, d'une part, la conscience dans le sens de ressentir quelque chose et, d'autre part, la conscience morale. On pourrait même dire qu'il s'agit d'une faiblesse de la langue française que de confondre les deux, mais cette confusion même est intéressante.

Il est très possible que ce soit dans l'accusation, et donc la conscience morale comportant toujours une référence au bien et au mal, que se produise la conscience, au sens d'être averti réflexivement de ce qu'on est, de « qui » on est.

Au fond, la question commune à la conscience psychologique et à la conscience morale, c'est la question : « Qui suis-je ? »

Cette question sur le « qui » se doit d'être distinguée de deux autres interrogations : « Pourquoi ? » (c'est l'explication) et : « Quoi ? » (qu'avez-vous fait ?), car la question portant sur le « Qui ? » (qui êtes-vous ?) est un problème d'identité qui touche véritablement à l'identité profonde.

Dans un certain sens le sentiment de culpabilité incite à la responsabilité. Peut-on alors penser que ressentir un sentiment de culpabilité serait créatif, dans la mesure où, justement, il appellerait à laisser s'épanouir la responsabilité de chacun ?

Nous avons peut-être là deux versants du sentiment de culpabilité. Un des versants, considéré comme pathologique par la psychanalyse, est celui où l'on se détruit soi-même par mésestime de soi, et même à la limite par haine de soi.

En revanche, si nous relions culpabilité et responsabilité, nous faisons alors apparaître le côté sain et productif de la culpabilité. Freud était très attentif à ceci, c'est-à-dire au fait que toute culpabilité n'est pas à déplorer ou à extirper, comme étant une impasse, elle est aussi une prise de responsabilité.

Responsabilité entendue dans ces deux étymologies possible : *Répondre à*... et *Répondre de*...

Répondre à la question : « Quoi ?/Qu'avez-vous fait ? » et à la question : « Qui ?/Qui êtes-vous ? » (se reconnaître « auteur » étant une des composantes de la responsabilité) mais, en même temps, répondre *de* quelque chose et *de* quelqu'un.

En fait, c'est assumer ?

Oui, c'est assumer, mais toujours vis-à-vis d'un autre, en nous mettant toujours dans un rapport avec autrui. La responsabilité est la riposte, et éventuellement la guérison, au sentiment pathologique de culpabilité qui, lui, est enfermé dans la solitude. D'ailleurs, je dirais même que cela redresse l'idée du mal commis car, dans l'idée du mal commis, ce n'est pas soi-même que l'on a blessé en premier mais toujours un autre !

Faire du mal, c'est faire du mal « à quelqu'un », c'est infliger à quelqu'un une souffrance. Dès lors, prendre la mesure du tort infligé à un autre, et mettre ce tort en relation avec moi comme auteur, fait de la culpabilité un sentiment sain et positif.

À ce propos, je pense à des problèmes très concrets. Les magistrats, en particulier les magistrats d'enfants, disent notamment que, lorsque le sentiment de culpabilité a disparu, il reste vraiment peu de possibilités de réhabilitation. Et ceci est vrai à tout âge. Nous avons aujourd'hui à faire à de jeunes adolescents qui n'ont par exemple aucun sentiment de culpabilité pour avoir tué ! Il n'y a alors aucune possibilité de faire un chemin positif de reconstruction d'identité morale.

Pour Lévinas, par exemple, l'innocence, est introuvable, même chez les enfants !

Indépendamment de l'innocence il existe aussi l'insensibilité morale. Certains êtres sont totalement imperméables au sentiment de culpabilité car pour eux la notion même de faute est incompréhensible. Les juges d'enfants disent avoir souvent à faire à de jeunes adolescents pour qui la notion de vol est absolument étrangère. Ils ont « piqué », « emprunté », etc., mais non « volé »...

D'autre part, il y a une notion que nous n'avons pas encore introduite, la notion de « défendu ». Quand nous parlons du mal commis, du fait de reconnaître avoir fait tort à quelqu'un, nous en parlons justement par rapport à la violation de l'interdit : ne pas mentir, ne pas voler, ne pas tuer, etc.

Le rapport à l'interdit, à l'interdiction, lui aussi fait problème.

Si vivre sous des interdictions c'est vivre sous une sorte de peur morale, d'un autre côté l'interdiction est néanmoins structurante.

Pensez-vous que l'inexistence du sentiment de culpabilité chez nombre d'adolescents soit un phénomène inquiétant pour l'avenir ?

Sur ce point, je dirais que je ne partage pas la désolation courante. Nous nous apercevons qu'il y a malgré tout des « réserves d'indignation » encore intactes. J'attache beaucoup d'importance à ce mot indignation. Voyez par exemple ce qui s'est passé face à l'affaire du pédophile belge : un peuple entier s'est indigné !

En réalité, les êtres qui seraient totalement insensibles à tous égards sont des exceptions. D'ailleurs les magistrats disent bien que, lorsqu'il s'agit de crimes commis contre des enfants (mère infanticide, parents incestueux...), une fois incarcérés, les condamnés doivent être protégés des autres prisonniers. Il demeure donc bien des réserves d'indignation. Nous le remarquons aussi lorsque nous entendons parler de violation de sépultures, juives ou autres, ou lorsque nous apprenons combien il nous a fallu de temps pour porter secours à des affamés d'Afrique. Ces réserves d'indignation nous font donc supposer que ce sentiment est intact chez la plupart des êtres, même chez ceux qui semblent avoir perdu tout sens du bien et du mal, et qu'il nous faut seulement parfois aller creuser assez loin pour en retrouver une étincelle.

Nous pouvons également évoquer la notion de fidélité à la loi d'un gang. Voilà encore un lieu de permis et d'interdits qui est marginalisé, aberrant, par rapport aux lois générales de la société mais qui, en quelque sorte reste une réserve de retraite, de refuge, permettant la distinction du permis et du défendu, du bien et du mal.

Quel est le degré de peur dans le sentiment de culpabilité ? Et de qui, ou de quoi, avons-nous peur ?

Analysons pour cela le « sentiment de culpabilité », et notamment les métaphores couramment employées qui sont très intéressantes. La métaphore dominante, qui est celle du fardeau, du poids, « être écrasé de culpabilité », nous conduit ainsi tout près de l'objet de votre question : la peur.

Il y a justement une angoisse d'être détruit dans ses réserves de riposte et de responsabilité par une sorte de violence intérieure. On entre alors dans une zone de « dangerosité » qui n'est plus physique mais morale, spirituelle. Nous sommes menacés de quelque chose. Bien entendu la sanction est une forme visible de l'objet de peur : nous avons peur d'être puni... Mais s'il y a la peur d'être condamné, soit par les autres, soit par une instance supérieure pour les âmes religieuses, il existe également celle de l'être par soi-même. Il s'agit alors d'un sentiment que l'on pourrait rattacher à la honte.

La honte consiste particulièrement à se cacher de soi. Nous cherchons à échapper à un regard inquisitoire, qui est certes le regard d'un autre, mais un autre tellement intériorisé que c'est soi-même jugeant soi-même, et donc le condamnant.

Dans son ouvrage La culpabilité allemande, *Karl Jaspers nous dit : « Être coupable au sens métaphysique, c'est manquer à la solidarité absolue qui nous lie à tout être humain comme tel. Cette solidarité se trouve blessée lorsque j'assiste à des actes injustes et criminels. S'ils s'accomplissent en ma présence, et si je survis alors que l'autre est tué, une voix parle en moi, et je sais : du fait que je vis encore, je suis coupable. »*

Aujourd'hui, face à la misère qui nous entoure, chacun d'entre nous peut éprouver ce sentiment de culpabilité que Karl Jaspers appelle « métaphysique ». Néanmoins, à l'indignation que cette misère peut susciter se mêle très souvent un lourd sentiment d'impuissance.

Quand le sentiment de culpabilité ne peut trouver d'issue dans aucun acte vrai, quelles peuvent en être les conséquences ?

Vous citez Karl Jaspers, que j'ai eu le bonheur de connaître puisqu'il fut l'objet de mon premier livre, et son ouvrage sur la culpabilité allemande m'avait beaucoup marqué. Ce qui est très intéressant dans ce livre est qu'il s'agit justement d'un essai pour hiérarchiser les formes de culpabilité, des plus extérieures aux plus profondes.

Nous avons d'abord la culpabilité qu'il appelle « pénale ». La culpabilité pénale est toujours individuelle, c'est untel qui a commis tel crime. On ne peut pas condamner globalement. Même au tribunal de Nuremberg, il a fallu mesurer individuellement la culpabilité des chefs du parti nazi.

Il y a donc une individualisation de la peine, comme on dit en droit, qui a une signification morale profonde. La culpabilité pénale est donc singulière.

Puis nous avons une culpabilité « d'appartenance ».

Par exemple le fait d'appartenir à un régime politique qui a été criminel. Cette culpabilité n'est pas pénale, c'est-à-dire qu'elle ne conduit pas à une punition de type emprisonnement ou, autrefois, peine de mort, etc., c'est-à-dire à l'addition d'une souffrance à la souffrance. Il s'agit plus d'un appel à un repentir collectif. D'ailleurs, en 1945, Karl Jaspers fut déçu que la nation allemande n'ait pas accompli cette sorte de retour sur soi collectif.

Puis, très profondément, nous rencontrons la culpabilité métaphysique, qui est le fait d'appartenir à une espèce humaine globalement impliquée dans une histoire du mal.

Cette histoire mythiquement représentée par l'idée d'une première faute fut théologisée sous la forme de « péché originel », ce qui signifie qu'avant même que je commette le mal le mal est déjà, et que de fait j'appartiens *déjà* à cette histoire du mal. Et c'est cela qui est important.

Cette notion, principalement déployée par Dostoïevski, peut d'ailleurs aboutir à des extrêmes : « Je suis coupable de tout, devant tous, etc. » C'est alors une culpabilité infinie !

On retrouve aussi cette pensée chez Emmanuel Lévinas, en particulier dans une de ses dernières œuvres *Autrement qu'être*, avec l'idée de la substitution. Il se fait d'ailleurs chez Lévinas une très remarquable conjonction entre un héritage juif et la pensée de Dostoïevski, sans doute dû au fait que le jeune Lévinas fut un lycéen russe nourri d'un Dostoïevski chrétien.

Dès lors face à cette notion « coupable de tout », nous sommes confrontés à un autre danger, celui de l'insaisissable de l'illimité, alors que la sagesse est peut-être justement de refuser de porter non seulement toute la douleur du monde, mais aussi toute la culpabilité du monde.

Nous pouvons encore une fois prendre l'exemple de ce qui se passe en Afrique : « De quoi suis-je responsable ? Que n'ai-je pas fait, moi ?... » Le *fait* en question n'étant effectivement pas mesurable !

Dans ce cas, nous touchons la notion même d'appartenance à cette histoire du mal qui, historiquement, est passée par la colonisation, etc.

Le fait d'ignorer de quoi nous pouvons être coupables s'avère donc être une situation très difficile à vivre : cette culpabilité ne pouvant pas devenir une « saine culpabilité » dans la mesure où nous sommes alors dans l'incapacité d'assumer une éventuelle responsabilité face à l'événement. Que faire dans une telle situation ?

Je pense qu'il y a un bon et un mauvais usage de ce sentiment de culpabilité diffuse, antérieure, presque sans origine. Le bon usage est de ne pas s'en tenir à une liste de péchés, de fautes, jusqu'à en faire comme une comptabilité.

Contre cette comptabilité, il y a certainement quelque chose de valable dans cette idée d'une culpabilité non mesurable, que l'on peut d'ailleurs dire « incommensurable », au sens profond du mot. Mais il faut cependant s'arracher aussi à cette notion d'incommensurable en se posant certaines questions précises : De quoi suis-je coupable ? À l'égard de qui ? Que puis-je faire ?

La sagesse sera peut-être d'accepter que l'insondable ne doit pas me dévorer, ne doit pas m'engloutir. Je dois donc limiter ma culpabilité à ce que j'aurais pu faire, et que je n'ai pas fait.

Car si je ne puis pas dire : « Voilà, ceci j'aurais pu le faire et je ne l'ai pas fait », mais que je me borne à seulement penser : « Je suis coupable de tout... », à la limite je ne suis coupable de rien !

Finalement une culpabilité collective ne peut pas être prise en charge par une conscience individuelle ?

C'est cela. Simplement par le fait que j'appartiens à de multiples indigences. Parce que j'appartiens à une famille, à une cité, à un État, comme à une collectivité historique, il y a de fait des actions dont le sujet sera justement cette collectivité comme personne morale. Il est alors impossible de redistribuer un à un les actes. Quand, par exemple, mon pays s'engage dans une guerre d'agression, il s'agit bien de mon pays ; je suis bien coupable de quelque chose, mais cette culpabilité est simplement un effet de mon appartenance. Sur un plan personnel, je dois alors seulement assumer la responsabilité créée par cette appartenance.

Nous disions que le sentiment de culpabilité pouvait être sain lorsqu'il éveille la responsabilité. Ce même sentiment de culpabilité peut également générer l'hypocrisie. Pourquoi ?

Je vois deux ou trois aspects à l'hypocrisie qui sont assez difficiles à démêler. Il y a d'abord une dénégation ; une dénégation de culpabilité à l'égard d'autrui, qui est sans doute moins importante que le déni à l'égard de soi-même.

Ce deuxième aspect de l'hypocrisie est une façon de se dissimuler, de se cacher avec mauvaise foi, ce dont on sent profondément le caractère mensonger. Puis une troisième facette est celle de feindre d'être ce que l'on n'est pas : être véridique quand on est menteur.

Nous percevons donc bien trois éléments :

1. la dénégation à l'égard d'autrui (quand on est accusé) ;
2. la dénégation à l'égard de soi-même (fuir le jugement intérieur) ;
3. le « faire-semblant », qui est je crois le sens originel.

La définition classique de l'hypocrisie est d'ailleurs : « faire l'acteur, mimer – caractère, attitude, d'une personne qui déguise son véritable caractère, cache ses véritables tendances et pensées, feint des opinions, des vertus qu'elle n'a pas... ».

Pensez-vous que le sentiment de culpabilité puisse plus facilement engendrer une attitude hypocrite plutôt qu'inciter à une saine responsabilité ?

Oui, absolument. Nous touchons cette fois à une notion assez subtile, que nous n'avons pas encore évoquée, qui est l'idée du rôle joué ; avec bien sûr la possibilité de tenir un rôle qui n'est pas sa véritable personnalité. Ce rôle peut alors être joué par rapport à soi-même.

Dans ce contexte, le contraire de l'hypocrisie serait l'honnêteté intellectuelle. C'est un thème sur lequel J.-P. Sartre avait poussé très loin la réflexion : la mauvaise foi. Ce thème l'a toujours tourmenté, car il avait (un peu comme Rousseau) l'idée de limpidité, de transparence. Il poursuivait un rêve peut-être impossible, car il existe aussi une sorte d'opacité, un secret, en soi-même...

Cependant lorsque, justement, on joue avec cette non-transparence irréductible pour en faire un jeu de masques, on vire ainsi à l'hypocrisie. Sa forme la plus banale étant celle de feindre d'être honnête, quand on est voleur ou menteur, et surtout de faire l'apologie publique de vertus que l'on ne possède pas. Voilà ce qu'on appelle couramment l'hypocrisie.

Dans vos écrits vous dites : « Le drame de l'homme moderne est qu'il n'a pas de conscience plus haute que la sienne », et vous parlez du « primat de l'homme-mesure sur le regard de Dieu ». Pouvez-vous nous expliquer cela ?

L'expression « l'homme-mesure » est une expression qui vient des discussions de Socrate avec ses contemporains, et en particulier avec Protagoras : « L'homme est la mesure de toutes choses, de ce qui est et de ce qui n'est pas... » C'est-à-dire que je suis le maître du sens. Pourtant, ce qui justement est capital dans l'idée de culpabilité est qu'il faut toujours le regard d'un autre. Ce peut être une personne qui vous accuse, vous juge ; ce peut être aussi une institution, le tribunal ; ou encore une dimension religieuse, le regard de Dieu. Mais le point commun à ces trois interprétations est qu'il s'agit toujours d'un autre. Le révélateur par l'autre est effectivement nécessaire. Ce révélateur par l'autre peut également être intériorisé au point que cet autre soit une face de moi-même.

À cet égard j'aime beaucoup l'expression « le for intérieur », parce que « for » signifie « forum ». C'est-à-dire que, même tout seul, je ne suis pas seul ! Je suis dans une sorte de petit espace *ubique* interne. Après Socrate nous pouvons citer Platon quand il disait que « la pensée est un dialogue que l'âme tient avec elle-même ». Nous sommes donc toujours dans un rapport dialogal, ou dialogique. Ceci est très important pour l'idée de culpabilité, car nous sommes sur la pente du pathologique dès lors que nous entrons dans l'illusion, dès lors qu'il s'agit d'un rapport de soi à soi, c'est-à-dire un état purement réflexif, dans l'extrême indivisibilité de soi à soi. Il faut donc bien que nous soyons au moins deux, même en soi ! J'ai d'ailleurs donné à un de mes derniers écrits le titre de *Soi-même comme un autre*, ce qui signifie bien cette nécessité qu'il y ait l'Autre en moi.

En niant toute instance supérieure à la propre conscience humaine, cette notion d'« homme-mesure » empêche-t-elle de faire du sentiment de culpabilité une possibilité d'évolution responsable ?

Vous venez d'employer l'adjectif décisif, qui est le mot « supérieur ». Le problème dans « l'homme-mesure » est qu'il y a un rapport d'égalité : tout ce qui existe est à ma mesure. Tandis que le sentiment sain, productif, créateur de la culpabilité est au contraire d'être confronté à une instance supérieure.

L'influence de la culture judéo-chrétienne est-elle un facteur primordial du sentiment de culpabilité chez l'Occidental ?

Oui, cela n'est pas douteux. Nous disons d'ailleurs bien judéo-chrétien, car c'est avant tout juif. C'est assez important car le judaïsme a donné une triple figure à ce que nous avons appelé l'instance supérieure ; l'instance supérieure quelle qu'elle soit.

Ce sont d'abord des événements salvateurs dont le peuple est le bénéficiaire (un acte de délivrance comme par exemple la sortie d'Égypte), puis une Loi qui est donnée (le peuple n'en est pas l'auteur, il la reçoit) et troisièmement la figure d'un législateur (il s'agit là de la figure de Moïse, mais qui se trouve dans le « face-à-face » avec Dieu).

Ceci a ensuite été relayé par le christianisme qui a développé une figure philosophique de l'intériorité. Je pense que ce qui, culturellement, a été efficace est justement cette notion d'intériorité. Le fait que les personnes ne soient pas substituables les unes aux autres, que chacune d'elle soit singulière. Chaque personne possède un destin absolument singulier parce qu'elle est l'objet d'une dilection, d'une élection, singulière.

De collective, l'idée de culpabilité/responsabilité devenait individuelle ?

Oui, parce qu'il existe alors un noyau irréductible de singularité.

Dans ce domaine, d'autres traditions ont-elles pu influencer la culture judéo-chrétienne ?

Le couplage de l'élément judéo-chrétien et de l'élément grec est sans doute très important. N'oublions pas Socrate avec : « Connais-toi toi-même » et Platon avec : « Le soin de l'âme ».

Avec eux, il s'est fait une heureuse conjonction qui, historiquement, s'est développée dans notre culture à l'époque de la patristique. Au fond, avant les Pères latins, ce furent les Pères grecs qui opérèrent ce mélange, ce mariage tout à fait exceptionnel de l'élément sémitique (venu des juifs) et de l'élément grec (indo-européen).

Nous sommes les bénéficiaires d'une sorte de « mixte » à la limite « judéo-grec » ; on pourrait même dire « Jérusalem et Athènes ».

En vous écoutant, j'ai l'impression que pour vous le sentiment de culpabilité est une chose plutôt positive ?

Il est vrai que lorsque autrefois j'ai écrit *La symbolique du mal*, j'en ai plutôt parlé négativement car je l'avais prise par le côté pathologique, pour l'opposer alors au sentiment de la faute où le rapport à autrui est dominant.

Ce que je voyais dans l'idée de culpabilité, dans sa pente pathologique, était la réduction au face-à-face de soi avec soi-même. Je faisais d'ailleurs remarquer à cette époque-là que, dans l'idée juive, et prophétique, du péché (mot qui dans notre culture d'aujourd'hui est souvent pris de manière négative pour soi), il y avait tout particulièrement le sentiment du tort fait à autrui. Ceci est très visible chez des prophètes comme, par exemple, Amos, Osée, etc., qui furent parmi les premiers à écrire dans ce sens-là. Ils accusent toujours quelqu'un du « mal fait à autrui » ; autrui symbolisé par ces trois figures : l'orphelin, la veuve et l'étranger.

Mais, dès que l'on perd de vue la souffrance causée par le tort, alors on se replie comme si c'était soi-même que l'on avait lésé.

Il est indéniable que l'on a lésé quelque chose en soi-même, notre intégrité, etc., mais ceci par le fait qu'il y a eu un déplacement du foyer, un déplacement de l'altérité vers une subjectivité fermée.

Peut-on dire que ce qui est alors lésé à l'intérieur de soi-même serait d'avoir fait un mauvais usage de cette liberté d'inclinaison vers le bien ou vers le mal ?

Ce qui se passe dans la sphère religieuse, en particulier lorsque le religieux se retire d'une culture, c'est que la trace qu'il laisse est une trace négative.

Par exemple, il reste le péché sans le pardon !

Pourtant le Credo ne dit pas : « Je crois au péché », mais : « Je crois au pardon des péchés. » Dès lors, la perte de la dimension du pardon contribue au repli sur une culpabilité. Culpabilité qui, étant non pardonnée, devient du même coup accablante.

On peut aussi donner une interprétation non religieuse du pardon, mais dans un cas comme dans l'autre cela reste une dimension très importante. Le pardon est la possibilité d'être aidé dans la réparation de notre propre mémoire, et lorsque cet espoir d'une réparation de notre propre mémoire n'existe plus, la culpabilité devient alors véritablement accablante.

Elle devient ce fardeau dont nous parlions.

Dans la culpabilité, il y a donc bien une pente dans ce sens-là.

Il s'agit de remonter cette pente pour aller vers la responsabilité qui, elle, implique toujours un autre.

Un autre, face auquel je suis responsable, mais aussi un autre qui me dit que je suis responsable.

A partir de quand la notion de pardon fut-elle délaissée au profit de celle de « péché » ?

Cela fait partie de l'histoire. En prenant par exemple les lettres de saint Paul, nous constatons qu'il plaide sans cesse pour ce qu'il appelle le « salut par la foi ». Et c'est bien de cela dont il s'agit : croire qu'il y a un pardon qui précède « les œuvres ».

Ce qu'il nomme « les œuvres » serait la prétention de se guérir soi-même en s'efforçant de faire le bien, cet espèce d'effort épuisant sur soi-même. En revanche ce qu'il appelle « la foi » est l'attente d'un secours qui va me libérer de cette tâche infinie d'être le Prométhée de ma propre innocence.

Pensez-vous que notre société actuelle soit culpabilisante ?

Une société où l'économique domine le politique (et, dans l'économique, la compétition, donc le calcul et l'appétit du gain, ce qui est la définition même d'une économie de marché) est une société qui crée des inégalités insupportables.

C'est bien l'expérience dans laquelle nous

sommes tous engagés maintenant, depuis la mort des communistes, c'est-à-dire celle d'une société d'économie de marché pratiquement sans alternative. On peut sans doute la compenser plus ou moins par la solidarité, et c'est à quoi s'emploie essentiellement l'Europe, face à l'Amérique et au Japon, mais avec beaucoup d'insuccès.

Néanmoins il se pourrait très bien que nous soyons de plus en plus entraînés vers une société encore plus féroce, encore plus cruelle. J'ai entendu cela dans certains colloques, où il est dit qu'il faut maintenant préparer les gens à une société cruelle, une société de luttes et de compétitions.

C'est un discours absolument terrifiant !

La lutte entre *ego*, c'est déjà la guerre, mais une lutte qui crée des inférieurs (et toujours plus d'inférieurs) engendre aussi une société où beaucoup de gens sont écrasés, détruits...

De ce fait, il est vrai que je ressens très profondément ce sentiment de culpabilité face à l'incapacité d'apporter les correctifs à cette société de plus en plus inégalitaire et cruelle.

Cette culpabilité générée par tant d'inégalité ne suscite-t-elle pas plus de violence que de responsabilité ?

Oui, tout à fait. Et donc une autre source de culpabilité : « Qu'ai-je donc fait pour produire des cités avec les banlieues que nous connaissons ? De quoi suis-je responsable ? Où ai-je trahi ? Qui ai-je trahi ? Quand ai-je trahi ? »

Nous touchons là l'aspect le plus redoutable de la culpabilité, qui en est le côté insondable, inassignable et incommensurable.

Sans doute faut-il avoir rencontré cela une fois, mais en prenant garde surtout à ne pas se laisser entraîner par la pente vertigineuse de l'abîme. Ce n'est pas facile à gérer, parce qu'il faut mesurer notre culpabilité (si l'on ne veut pas être coupable de tout et n'importe quoi), mais en même temps demeurer attentif à ne pas fuir certaines culpabilités réelles, et devenir alors l'hypocrite dont nous parlions précédemment.

La sagesse serait-elle de se maintenir sur le chemin du milieu ?

Je dirais plutôt, en faveur de la sagesse dans son sens le plus fort, qu'elle est non pas de cheminer dans le juste milieu comme sur un sentier produit par l'effondrement de deux montagnes, mais plus exactement de marcher sur un chemin de crête, flanqué d'un abîme de chaque côté.

Vue ainsi, la sagesse ressemble à une marche héroïque...

Je parlerais surtout de courage et d'obstination.

Alors que dans certains de vos ouvrages vous condamniez la culpabilité, aujourd'hui vous la considérez donc comme un sentiment plus positif que négatif. Pourquoi ce changement ?

Sans doute parce qu'à bien des égards nous sommes actuellement dans une période de manque de culpabilité, dans le sens où certaines personnes tolèrent l'intolérable, et d'autres sont des exclus du sentiment de culpabilité.

Nous sommes dans une culture où il existe des exclus du sentiment de culpabilité.

Ceci est un paradoxe, mais un paradoxe inverse à celui auquel je m'étais confronté lors de mes écrits, où je voyais plutôt des gens accablés par le sentiment de culpabilité, tandis qu'actuellement nous sommes plutôt affrontés à des personnes qui ne sont même pas entrées dans le sentiment de culpabilité.

Dans un cas comme dans l'autre, ne sommes-nous pas face à un déséquilibre ?

Oui, certainement. Bien qu'il s'agisse d'un autre registre (mais le parallèle est intéressant) je pense à ce que disait Lacan, interprétant Freud, au sujet de l'œdipe comme lieu de culpabilité. Il disait qu'il y avait deux façons d'être dans la pathologie, l'une est de ne pas sortir de la culpabilité et l'autre de ne pas y entrer. Ne pas en sortir, c'est la névrose ; mais ne pas y entrer, c'est la psychose !

De ce point de vue, une culture où une partie importante de la population n'entre pas dans le sentiment de culpabilité est plutôt à considérer comme psychotique que névrotique.

C'est beaucoup plus grave... !

Et, à ce propos, il est vrai que voilà quarante ans de cela je m'étais plutôt confronté au problème de névrose qu'à celui de psychose.

Cela voudrait-il dire qu'en quarante ans nous soyons passés, en ce qui concerne la culpabilité, d'une tendance névrotique à une tendance psychotique ?

Oui, peut-être... Mais en ce qui me concerne j'avais sans doute à me guérir, dans ma culture, de ce côté excessif de la culpabilité. Aujourd'hui il s'agit plutôt d'un regard politique que je porte sur une société qui, justement, a perdu le sens de l'interdit. Le sens de l'interdit dans sa fonction structurante, ce dont je n'étais pas assez conscient à cette époque-là. Je m'en méfiais.

En conclusion, je dirais que l'essentiel est de ne pas considérer la culpabilité seule, mais toujours dans le couplage culpabilité-responsabilité : le côté subjectif de la culpabilité et le côté d'altérité de la responsabilité.

L'un corrigeant l'autre dans ses excès et dans ses défauts.

La culpabilité : histoire d'hommes ou de religions ?

Dialogue avec Stan Rougier

Le sentiment de culpabilité peut-il être un élément moteur vers la responsabilité, ou bien est-il plutôt un frein ?

Il peut être un élément moteur à condition que l'on ressente la faute à partir d'actes réellement fautifs, et dans des domaines graves. Sinon, quand la culpabilité ne porte que sur des bricoles, c'est une déviance.

À ce propos, quelle différence faites-vous entre une culpabilité réelle et un sentiment diffus de culpabilité ?

Je pense que la culpabilité n'est réelle que lorsqu'elle porte sur des fautes qui ont réellement causé du tort au prochain. Si cela ne porte que sur des considérations telles que : « Je ne suis pas aussi bien que je devrais être, etc. », cela risque alors d'être un orgueil renversé. On a sali son blanc manteau d'hermine. On se sent coupable ; mais en réalité on a enfreint la morale sur des points qui ne sont pas fondamentaux.

La vraie faute, c'est quoi ? C'est de ne pas aimer, c'est de manquer à l'amour ! C'est rendre l'autre malheureux, le juger, le condamner, ne pas lui permettre de s'épanouir, de s'accomplir. Le Christ a une très belle parole, il dit : « Vous serez comme votre Père, qui fait briller Son soleil sur les méchants comme sur les bons ; qui donne Sa pluie aux injustes comme aux justes. » En d'autres termes : « Soyez pour le prochain ce que le soleil et l'eau sont pour les plantes »... Parfois nous ne sommes pas cela pour les autres ; nous les empêchons d'exister dans leur originalité. Nous attendons d'eux ce qu'ils ne peuvent pas donner. C'est aussi stupide que d'attendre des poires sur un pommier ou des pommes sur un poirier... Nous sommes profondément injustes ! J'aimerais bien, moi, que l'on se sente coupable de cette injustice-là ! L'embêtant c'est qu'on ne se sent pas coupable des choses importantes ; on se sent surtout coupable des choses secondaires. Dans la mesure où dans la morale on ne met pas au cœur ce qui est au cœur, on fait une fausse comptabilité. C'est une façon de ne pas se préoccuper de l'essentiel. On souligne nos moindres torts pour éviter de reconnaître les grands. Pour éviter de reconnaître nos torts véritables nous mettons le projecteur sur nos torts imaginaires. Si nous paraissons remplis de remords pour des infractions secondaires les gens diront : « Oh ! Comme il est humble !... » Mais ce n'est pas vrai, c'est même le contraire ! Nos vrais manquements sont l'orgueil, le rejet de l'autre, le jugement, la condamnation de l'autre, le procès d'intention, l'absence de miséricorde... C'est sur tout cela qu'il faudrait pouvoir ressentir un sentiment de responsabilité.

Comme disait La Rochefoucauld : « Nous n'avouons de petits défauts que pour persuader que nous n'en avons pas de grands. »

Selon vous, évoluons-nous dans une société culpabilisante ou au contraire vivons-nous une époque où manque le sentiment de culpabilité ?

Je pense qu'à l'heure actuelle les boussoles ont perdu le nord et les cartes sont fausses. Mais il ne faut pas se leurrer. C'est ainsi depuis toujours et dans toutes les civilisations... à quelques exceptions près. On ne sait pas ce qui est bien, ce qui est mal, et donc on vit dans le flou. Un peu comme quelqu'un qui ferait du ski en plein brouillard sans qu'il y ait de poteau pour dire : « Attention risque d'avalanche ! », « Attention falaise ! », etc.

Quand on ne sait plus où est le bien, où est le mal, non seulement on ne sait plus où l'on va mais on ne sait même plus qui on est. La jeunesse a perdu beaucoup de repères. Les jeunes en sont malheureux car ils ne savent plus trop où ils en sont. Parfois, ils reconstituent une espèce de morale du clan, avec ses propres lois... Mais elles ne sont souvent ni justes ni bien situées.

Une absence de sentiment de culpabilité serait-elle une absence de sensibilité à l'autre ?

Tout à fait ! Si l'on est insensible au chagrin que l'on cause à l'autre, si l'on ne voit pas la faute que l'on a commise à son égard, c'est qu'on est insensible à ce qu'il est. On lui a pris quelque chose à quoi il tenait, et l'on n'a même pas vu que ce qu'on faisait était mal. C'est un manque de respect, un manque de délicatesse.

Ce qu'on appelle le Décalogue (les Dix Paroles) au fond, cela veut dire : « Respecte ton prochain ! » Si tu le respectes, tu ne prends pas son bien, tu ne prends pas sa femme, tu ne lui mens pas.

Respect et sentiment de la faute sont très liés : quiconque ne respecte pas l'autre n'aura pas le sentiment d'avoir commis une faute quand il a manqué de justice à son égard.

Aux yeux du Christ, les valeurs essentielles autour desquelles tout s'ordonne, sont TSEDAQAH : la justice et l'adhésion au désir de Dieu, RAHAMIM : une tendresse maternelle, EMETH : la vérité, l'authenticité.

Si nous rencontrons des jeunes manquant de sentiment de culpabilité, en revanche dans la génération des adultes nombreux sont ceux qui, eux, souffrent d'un fort sentiment de culpabilité, le plus souvent diffus. Puisque vous citez la Bible, certains affirment que la culture judéo-chrétienne est à la source de ce sentiment de culpabilité. Quel est votre regard sur ceci ?

Des gens soi-disant chrétiens se sont servis des Écritures pour culpabiliser des actes qui n'étaient pas graves. Cela a créé des désastres ! C'est une hérésie aux conséquences mortelles.

Par exemple, lorsque Jésus dit : « Celui qui

scandalise un seul de ces petits mériterait qu'on lui mette une pierre au cou et qu'on le jette à la mer. » On a laissé croire qu'il s'agissait de « scandaliser » au sens de, par exemple, montrer des illustrés qui ne sont pas très propres... Je ne dis pas que c'est bien de faire cela, mais ça n'était pas de cela que Jésus voulait parler !

Pour Lui, scandaliser c'était mettre un obstacle sur le chemin de ceux qui auraient bien voulu croire à la tendresse de Dieu. Ils ne le pouvaient pas car on les en empêchait en leur montrant un Dieu terrible, un Dieu culpabilisant, un Dieu dénicheur de coupables ! On devenait effectivement le « scandaleux » dès lors que l'on présentait un Dieu non pas adorable, mais haïssable.

Si l'on utilise mal les Écritures, on peut créer une société culpabilisante. La culpabilisation de l'autre est une attitude que l'on retrouve dans toutes les sociétés. J'ai vécu dans des sociétés africaines primitives, où j'ai dû apprendre qu'il y avait des gestes à accomplir et d'autres à éviter absolument. Par exemple, si l'on voulait manger, il fallait tenir le plat d'une main et plonger dans le plat avec l'autre main. Si jamais on ne touchait pas le plat au moment où l'on se servait... c'était grave ! Il existe comme cela un grand nombre de codes, et celui qui n'obéit pas aux codes du clan est exclu ! Il est culpabilisé, parfois à mort.

De même, dans les sociétés communistes, qui n'avaient pas la Bible, on culpabilisait les gens pour des quantités de choses. Il suffisait de qualifier de bourgeois tel ou tel comportement et on culpabilisait les gens avec ça.

En réalité, c'est donc bien l'être humain qui est culpabilisant. Ensuite il utilisera tout dans ce sens-là, même la Bible. La Bible, par elle-même, voulait seulement établir une hiérarchie des valeurs dont l'essentiel serait : Apprends à vivre dans l'amour, assorti d'autres préceptes seconds qui n'ont d'intérêt que liés à l'amour...

Le Christ est navré chaque fois qu'on le culpabilise pour avoir, par exemple, laissé les apôtres grappiller des grains de blé dans les champs le jour du sabbat ; jour où travailler est interdit. Ils font cela parce qu'ils ont faim et on va leur mettre sur le dos une faute qui n'en est pas une ! Le Christ disait : « Vous filtrez le moustique et vous avalez le chameau ! » Vous êtes méticuleux sur des détails, et vous passez par profits et pertes ce qui est fondamental... Mais un teigneux qui devient théologien, cela donne peut-être un théologien de plus mais pas un teigneux de moins.

Le Dr Winnicott, psychiatre pour enfants, écrit : « Quand on parle d'adolescence, on parle d'adultes. Car les adultes ne sont pas constamment adultes. » Vous qui côtoyez les jeunes comme les adultes, pensez-vous qu'ils réagissent de la même manière au sentiment de culpabilité et donc à la peur du jugement d'autrui ?

Je crois que les jeunes sont hypersensibles au jugement que l'on porte sur eux. Ils ont soif d'être reconnus, d'être aimés, acceptés, d'être accueillis dans leur différence, dans leur originalité. Si donc on ne les accueille pas et qu'en plus on les juge, ils sont extrêmement malheureux. Dans la moitié des suicides dont je fus le témoin, prédominait ce sentiment de non-valoir, d'être rejeté, d'être nié, d'être de trop, d'être laid dans le regard des autres !

Le fait d'être culpabilisé, de ne pas recevoir de miséricorde est terrible. En plus, c'est souvent pour des babioles. On accuse quelqu'un parce qu'il travaille mal à l'école. Il faudrait plutôt s'interroger sur les raisons qui le font mal travailler. L'a-t-on intéressé aux études ? Lui a-t-on fait comprendre à quoi servaient les études ? Si l'on n'a pas fait ce travail-là, on accusera quelqu'un de paresse alors qu'il n'est pas forcément paresseux. Peut-être n'a-t-il tout simplement pas encore compris !

La culpabilité est parfois vécue sur un mode tellement dramatique et stérilisant qu'elle empêche radicalement toute possibilité de responsabilité. Pourquoi ?

On se sent coupable de petites choses pour éviter de se sentir responsable de choses importantes : laisser des gens dans le besoin, avoir froid, avoir faim, être mal logé, être mal vêtu ; ou encore se comporter en dénicheur de coupables, chercher des poux dans la tête des gens, ne pas pardonner... Tout cela, on s'en accommode très bien ! On ne sent pas de culpabilité, ou si peu, alors que pour de petites choses on peut se sentir très coupable.

Chaque société se fixe une sorte de code de morale qui vient se superposer à la conscience et donner honte de comportements qui ne devraient pas être perçus comme honteux.

On ne se sent pas coupable de tomber en faisant de la planche à voile ; on remonte sur sa planche en se disant qu'on y arrivera un jour parce qu'on a envie d'y arriver. Mais si on recevait des injures chaque fois qu'on tombe... on ne ferait aucun progrès !

Quand j'apprenais à monter à cheval, nous étions un groupe d'une trentaine de jeunes avec un adjudant de cavalerie qui n'arrêtait pas de nous engueuler ! Nous, on en rigolait, on ne prenait pas ça au sérieux. On se disait que c'était son style ! « Si ça l'amuse, qu'il se défoule ! »

Mais supposons que quelqu'un soit très sensible et qu'il prenne ces reproches pour argent comptant ? Si on lui dit : « Tu es nul, tu n'arriveras jamais à rien ! » il le croira et se démobilisera. Toute éducation devrait faire prendre conscience des vraies valeurs. « Quelles sont les attitudes qu'il faut avoir dans la vie ? » Nous devrions apprendre à doser nos indignations par rapport aux manques et à la gravité de ces manques. Un élève qui fait des graffitis contre son professeur parce qu'il est noir, c'est très grave ! Un jeune qui est blessé par un autre jeune pour ne pas avoir cédé au racket, c'est immensément grave !

Dans de tels cas il faut, de toute évidence, donner le sentiment de la faute.

Personnellement, je me revois grondant une malheureuse gamine parce qu'elle flirtait. Après mon algarade la jeune adolescente m'arrête :

« Dis donc ! Jésus, c'est comme ça qu'il a parlé à la femme adultère ? !... » Une autre qui avait le même comportement me dit : « Quand on a trop soif, il arrive qu'on boive de l'eau sale... »

Lorsqu'on dit que la religion est culpabilisante, c'est faux ! Ce sont les gens qui se servent de la religion qui sont culpabilisants.

En l'occurrence, c'était moi !

Toute religion ou toute idéologie laïque mises à part, le fait de ne pas être aimé peut-il engendrer un sentiment de culpabilité ?

Oui, parce qu'on se dit : « Si je ne suis pas aimé, peut-être est-ce de ma faute, peut-être que je ne mérite pas cet amour... ? »

Effectivement, il arrive à beaucoup d'enfants et d'adolescents de se culpabiliser de n'être pas aimés. Ils s'imaginent que c'est de leur faute à eux. En fait, on devrait leur donner la clef du comportement des adultes : leur dire que finalement les hommes aiment très peu de gens et qu'il y a même des êtres qui n'aiment personne.

Pour pouvoir aimer, les gens ont besoin d'admirer et certains ne sont pas capables d'admirer ce qui est trop éloigné de leur sensibilité. On se sent tout honteux de n'être pas aimé, alors qu'en réalité ce n'est pas notre problème à nous. On doit pouvoir se dire « Si l'autre m'aime, tant mieux, sinon tant pis... Ces sentiments négatifs ne sont pas le résultat de mes fautes éventuelles. » Ce n'est pas parce que nous ne sommes pas aimables que nous ne sommes pas aimés ! L'autre peut avoir des limites dans son cœur. Voilà ce qu'il faudrait expliquer à un enfant !

Quand je vais dans les lycées (chaque semaine !) on me demande souvent de parler de ce sujet-là : « Comment s'accepter soi-même, comment accepter que les autres nous aiment mal, etc. » Je dis aux jeunes : « Vous avez faim de l'affection, du respect des autres, de leur reconnaissance. Vous avez raison, mais prenez les cacahuètes qu'ils vous donnent et ne leur demandez pas un sanglier entier à manger ! Acceptez les petites miettes, et ne soyez pas toujours en train de fulminer en pensant à ce qui ne vous a pas été donné. »

L'amour ne se revendique pas. Soit il y en a et c'est un merveilleux cadeau, soit il n'y en a pas et il faut en donner. Sème l'amour et tu récolteras l'amour...

La responsabilité est un acte qui s'inscrit dans le présent comme dans le futur. Dans ce contexte et pour tous ces jeunes qui semblent souffrir d'un manque d'avenir, que peut bien vouloir dire le mot « responsabilité » ?

Les jeunes d'aujourd'hui sont « déboussolés » ; ils n'ont plus de boussole, ils ne savent plus où est le nord. Alors bien sûr ils ne peuvent pas répondre de leurs actes...

Sont-ils libres ? Seul un être libre est responsable. C'est dès l'enfance qu'il faut éduquer à la responsabilité.

Dans les pays du tiers-monde, quand on dit à un enfant d'aller chercher de l'eau au puits, il se sent responsable de toute la famille. Mais dans les sociétés où l'on protège trop les enfants, où on déroule un tapis rouge sous leurs pas, l'enfant considérera la maison comme un hôtel et se fichera de tout.

Malheureusement, nous n'éduquons pas à la responsabilité, alors pourquoi se sentiraient-ils responsables ?

Quand un sentiment de culpabilité ne peut aboutir à une prise de responsabilité, le danger n'est-il pas alors de s'enliser dans les marécages du mensonge ?

Le mensonge se produit lorsque l'enfant a peur de perdre l'estime de son éducateur ou de ses parents. Ayant commis l'acte qui va être sanctionné il maquillera son « forfait » de manière à ne pas se faire repérer. Moi je n'avais pas mon pareil pour « dessiner » des huit ou des dix avec des zéro... J'entrais donc dans un mécanisme de mensonge. Mais pourquoi ? Parce que le châtiment pour un zéro était démesuré, à moins que ce soit mon amour-propre... Il aurait fallu dire : « Tiens, ce garçon a du mal à suivre, peut-être devrait-on lui donner des cours supplémentaires et se mettre à son rythme » ; ou bien alors : « C'est un manuel plutôt qu'un intellectuel, il faut s'adapter à lui et éveiller son esprit par d'autres techniques. »

Il m'est arrivé d'ailleurs, grâce au scoutisme, d'avoir l'occasion d'apprendre à me débrouiller et de prendre beaucoup de responsabilités. Le scoutisme que j'ai connu c'était : « Tu es responsable du repas ; tu es responsable de l'itinéraire, du rangement de l'équipement... » C'était formidable !

On nous faisait confiance. On nous confiait des tâches souvent importantes. Cela nous grandissait ! La responsabilité n'était pas l'occasion d'un reproche mais d'une confiance extraordinaire. Voilà une belle éducation !

Nous ne pouvons pas parler de culpabilité sans parler de la honte...

La honte vient d'une non-acceptation de nos limites. Je n'ai pas honte si je me casse la figure en ski. Pourquoi aurais-je honte si je dis un « gros mot » dans la bonne société ?

On m'a fait une honte effroyable parce qu'à douze ans j'ai dit à ma cousine, qui en avait dix, que les enfants ne sortaient pas des choux mais du ventre de maman, et que c'était plus beau !

Je passai par une espèce de *cour d'honneur* où cinq paires d'yeux d'adultes disaient : « Mais qu'est-ce que c'est que cet enfant ! » C'est comme s'ils avaient décrété que je n'avais pas le droit de vivre...

D'une certaine façon, le sentiment de honte est très isolant et destructeur.

Oui, et cela nécessite souvent un traitement pour s'en sortir, car la non-acceptation de soi-même est un désastre. À ce propos, je pense à cette phrase d'Alexandre Dumas : « Quand un homme a honte de lui, il est impitoyable pour les autres. »

Peut-on parler d'une culpabilité de la différence ?

Combien de fois n'a-t-on pas entendu cette phrase terrible : « Pourquoi n'es-tu pas comme ton frère (ou ta sœur) ? »

C'est vraiment sordide d'empêcher quelqu'un de vivre dans sa superbe différence.

Selon vous, pourquoi l'homme craint-il tant le jugement de l'autre ?

Parce qu'on veut donner une bonne image de soi-même. On ne supporte pas de voir porter sur soi un mauvais regard. Malheureusement le regard que nous portons sur nous-même est presque toujours mauvais. Nous ne supportons pas que les autres nous renvoient une image caricaturale de nous-même ; c'est la chose que l'on supporte le moins.

« Celui qui traite son frère en crétin l'a pratiquement tué », dit le Christ. C'est fort tout de même !

Nous sommes sur terre pour un apprentissage,

mais on nous voudrait grands avant d'avoir commencé à grandir. Dans cette ambiance-là, comment faire des progrès ? !

Nous disions précédemment qu'une absence de sentiment de culpabilité était une absence de sensibilité à l'autre. Dans un de vos ouvrages vous dites : « Le chagrin de l'adulte développe la sensibilité de l'enfant. » Cela veut-il dire que, pour faire s'épanouir la sensibilité de l'enfant, l'adulte devrait non pas toujours masquer ses contrariétés et ses peines mais au contraire volontairement les laisser voir à l'enfant ?

Il vaudrait mieux que, lorsque l'enfant a fait quelque chose de répréhensible, l'attitude des parents ne soit pas les décibels de la voix mais l'humidité des yeux. Lorsque l'enfant voit sur la personne aimée, son père ou sa mère, des larmes couler, il prend conscience que ce qu'il a fait n'est pas digne de lui. C'est très beau de pouvoir dire : « Ce n'est pas digne de toi... » L'enfant peut comprendre cette phrase. C'est tout de même différent que de beugler : « Tu es un bon à rien ! » « Tu es un pauvre type ! » « Tu m'as toujours dégoûté ! » Il faudrait éviter ces phrases qui comportent un *toujours* et un *jamais :* « Tu es *toujours* en retard ! » « Tu es *toujours* mal peigné ! » « Tu n'arrives *jamais* à l'heure ! » Le *toujours* et le *jamais* sont des termes excessifs. Pour celui qui les prend au sérieux, c'est un drame !

J'aimerais voir un livre qui s'intitulerait : « Du bon usage des adultes ». On expliquerait aux adolescents comment interpréter ce que les adultes leur disent.

Vous connaissez peut-être cette phrase : « Je préfère un saint qui a des défauts à un pécheur qui n'en a pas. »

Un saint, c'est quelqu'un qui cherche à aimer. Même s'il est rempli de défauts, il progresse. En revanche le « pécheur », ici, c'est celui qui se fiche éperdument d'aimer ou de ne pas aimer. Peut-être n'a-t-il pas de défauts, peut-être est-il impeccable... Mais il a renoncé à l'amour !

C'est toute l'histoire du conflit dramatique entre Jésus et les pharisiens. Le pharisien est un type qui n'a pas de défauts. Il accomplit les 340 préceptes de la Loi. Il en est fier et, au nom de cette fierté, il veut lapider la femme adultère. Il s'en prend aux collecteurs d'impôts qu'il considère comme des êtres impurs. Il en veut à Jésus-Christ de fréquenter cette racaille... Jésus en est mort ! Ce qui est fondamental dans la mise à mort de Jésus, c'est qu'on a voulu tuer quelqu'un parce qu'il était du côté des « petits », et pas seulement des *petits* par l'intelligence, mais aussi des *petits* par la vertu...

Toujours dans un de vos écrits, vous dites : « La culpabilité me paraît être un glissement névrotique d'une réalité précieuse qui est la responsabilité. » Pouvez-vous nous expliquer cela ?

Être responsable est une chose extraordinairement belle et importante. Lorsque ce sens de la responsabilité est dévié, corrompu, il aboutit à une espèce d'obsession du manquement, non pas en vue d'un progrès mais parce qu'on est mal dans sa peau. On a mal d'avoir manqué à un idéal proposé par le clan. Le clan imposait une norme, on y a manqué. Le regard réprobateur nous dit : « Va-t'en, tu nous fais honte ! » Notre fierté en prend un coup, et nous pouvons tomber dans la névrose de culpabilité... Cette pathologie se soigne, mais pour cela il faudrait consulter ! Beaucoup ne consulteront pas parce qu'ils se disent qu'ils ne sont pas fous. Lorsqu'on a mal aux dents on va voir un dentiste, mais quand on souffre d'un mal-être on ne va voir personne ! Malheureusement...

On se bloque sur soi-même, on se renferme, on s'isole... et c'est la fin de tout !

Finalement, bien que le thème que nous abordons soit la culpabilité, je m'aperçois que nous parlons beaucoup d'amour. En toute sincérité, est-il possible d'aimer sans culpabilité ?

Il est difficile d'apprendre à aimer sans manquer à l'amour. Chaque fois que l'on manque à l'amour on devrait en éprouver du chagrin ! Ce serait une manière de progresser. Comment pourrait-on savoir que l'on a mal agi envers l'être que l'on prétend aimer sinon en étant attentif à sa réaction, qui peut être la violence ou la peine. La vraie faute, c'est d'avoir manqué de respect, d'avoir dit une parole blessante, d'avoir tenu un propos humiliant, de ne pas avoir écouté l'autre quand il voulait se confier...

Lorsqu'il y a de l'amour, il peut y avoir un sentiment réel de la faute. Il faudrait pouvoir employer deux mots différents : l'un pour la culpabilité saine et l'autre pour la culpabilité morbide. La culpabilité saine, appelons cela *le sens de la faute*, le sens du manquement, le sens de la non-justesse de l'amour. On a manqué d'amour ? On a causé du chagrin à quelqu'un ? Eh bien, grâce à cela on peut progresser...

C'est ainsi que nous apprenons à aimer : en étant attentif aux réactions de l'autre qui nous dit : « Non, là tu croyais peut-être m'aimer mais tu ne m'as pas vraiment aimé... »

Ce n'est pas facile d'aimer. Il faut toute une vie pour découvrir cela ! Quand on vous dit : « Je t'aime », cela peut seulement vouloir dire : « Je t'aime comme j'aime les mandarines !... »

Dostoïevski dit : « Si Dieu n'existe pas, tout est permis. » Que pensez-vous de cette phrase ?

Oui, c'est une phrase célèbre des *Frères Karamazov*. Elle est impressionnante, peut-être vraie, mais il faut l'approfondir.

Dieu est celui qui nous montre le caractère sacré de l'homme. Si l'homme vient de Dieu, si l'homme est une créature de Dieu et si l'homme va à Dieu, il a dès lors une origine et une vocation divines. Tout manquement à l'égard de l'homme est un sacrilège, une offense faite à Dieu.

Si Dieu n'existe pas, qu'est-ce que l'homme ? Un petit tas d'atomes ? Une prouesse de la matière ? Un coup de génie des chromosomes qui travaillent tout seuls et qui font leur petit boulot sans finalité, sans planification, sans projet ? Qu'est-ce que c'est que tout ça ?! Une combinaison de hasard et de nécessité ? Bon et alors ?... Quand j'écrase de la boue, je n'ai pas le sentiment de commettre un sacrilège ! Si un être humain est un morceau de boue doué de psychisme, ce n'est pas parce qu'il est doué de psychisme que ça lui confère une valeur extraordinaire ! On peut donc lui faire n'importe quoi !

Le nazisme et le marxisme ont tiré de leur athéisme les comportements que l'on sait (cinquante et quatre-vingts millions de morts !).

Est-ce que, dans ce sens là, cette absence de sentiment de culpabilité que l'on note chez beaucoup de jeunes viendrait d'une absence de Dieu dans leur cœur ?

Je suis heureux que ce soit vous qui en parliez, et je ratifie totalement.

Il s'agit là de la difficulté de conférer à l'être humain sa valeur sacrée si Dieu n'existe pas. Dieu n'existant pas, quelle différence y aurait-il entre l'homme et le hérisson ? Si d'un hérisson je peux faire une pizza avec ma voiture, alors pourquoi ne pas buter le passant qui est sur ma route ? Vous avez vu toutes ces pizzas de hérissons sur les nationales ?... C'est d'un banal !...

Manquer d'amour est grave. Si l'être humain a une valeur sacrée, lui manquer d'amour n'est pas neutre. L'amour c'est ce climat qui fait qu'un être s'accomplit bien. Pour qu'une plante pousse bien, il lui faut de l'humidité et de la lumière. Pour qu'un être pousse bien, il lui faut de l'amour et du respect.

Je reviens à cette parole du Christ : « Soyez pour le prochain ce que l'eau et la lumière sont pour la plante. » Si nous privons l'autre de cette qualité d'amour qui est son *climat*, nous l'empêchons d'exister, d'advenir. Il se sclérose. Il se dénature.

« Rien n'est grave sinon perdre l'amour », mais perdre l'amour c'est grave ! !

Quand nous parlons de culpabilité et de responsabilité, nous évoquons bien sûr la morale. Vous dites : « La morale est liée à la mystique. La morale suit la mystique comme la charrette suit les bœufs. » Pouvez-vous nous expliquer ceci ?

Oui, c'est une notion capitale. Il faut citer cette parole d'Albert Camus : « Si j'avais à écrire un livre de morale, il aurait quatre-vingt-dix-neuf pages blanches et sur la dernière j'écrirais : il suffit d'aimer. »

Quant à la phrase que vous venez d'évoquer, en réalité elle est d'Yvan Amar que j'avais rencontré en Inde en 1972. Ses mots sont restés profondément gravés dans mon esprit.

Il ne sert à rien de penser : « Il faut que je fasse comme ceci, ou il faut que j'évite cela », si cette pensée n'a pas été précédée d'un changement de regard. La mystique, c'est ce changement du regard. « Je suis fils de Dieu, je ne peux donc accomplir que des actes dignes de ma condition de fils de Dieu. » De même, il ne faut pas oublier que l'autre aussi est un fils de Dieu. On doit avoir à son égard l'attitude que mérite un être sacré.

Le Christ n'a-t-il pas dit : « Tout ce que vous faites au plus petit d'entre les miens, c'est à Moi que vous le faites » ? Si j'ai ce regard là : voir en l'autre un être à qui Dieu s'est identifié, dès lors les actes de générosité suivront.

C'est bien la mystique qui précède la morale ! Le mot « mystique » exprime « le sens de ce qui est caché ». Les poètes sont tous des mystiques : ils parlent de l'invisible. L'invisible, ici, c'est cette dignité de l'être humain, sa vocation, sa vie... Si nous n'avons pas conscience de cette valeur invisible, agir selon le bien, respecter l'autre, tout cela sera bafoué... Nous n'y penserons même pas. Nous ne pouvons y penser que si notre regard a été transformé... Lorsqu'on est très amoureux de quelqu'un, on ne lui cause pas de tort ! C'est parce qu'on n'aime pas assez qu'on agit mal. Celui qui aime agit bien. S'il s'est trompé, la réaction de l'être mal-aimé lui permettra de corriger son attitude, mais, cette fois, ce sera indépendamment de tout sentiment de culpabilité.

Nous prenons alors conscience de nos limites, et nous en devenons plus humbles... et plus aimants !

Saint Augustin voulait-il exprimer ceci par sa parole : « Aime, et fais ce qu'il te plaît » ?

Il disait : « Aime, et ce que tu désires, fais-le. » Il avait répondu cela à une personne qui demandait : « Peut-on utiliser les châtiments corporels en éducation ? » Saint Augustin répondit : « Aime et agis selon ta pensée. » En éducation, l'important c'est que l'enfant se sache aimé. Une fessée donnée avec amour sera infiniment plus féconde qu'aucun reproche sans amour ! Ce qui signifierait : « Fais ce que tu veux, je m'en fiche ! » C'est destructurant. En revanche donner une structure c'est dire : « Non, ça... ce n'est pas digne de toi. »

Les interdits sont nécessaires ?

Plutôt qu'interdire il faudrait corriger des attitudes qui ne sont pas bonnes. Quelqu'un a dit : « L'ami qui souffre seul est une injure à l'autre. » Est-ce interdit de souffrir seul ? On met des interdits là où, notre conscience n'étant pas assez sensible, nous ne parvenons pas à distinguer ce qui est bien de ce qui est mal !

Nous savons que, si l'éducation est essentielle, elle ne peut toutefois pas remplacer l'expérience personnelle qui, elle, est capitale pour prendre véritablement conscience de la portée de ses actes.

Dès lors, sommes-nous condamnés à faire mal pour apprendre à bien faire ?

Pour une part, nous sommes en effet condamnés à faire mal pour apprendre à bien faire. Mais il faudrait être en état de vigilance afin de penser ses actes avant de les accomplir, les contrôler en les posant et prendre conscience de ses fautes quand elles ont eu lieu. Cet état de vigilance, doit être permanent. Prenons garde à ne pas tomber dans l'activisme où l'on n'a plus le temps de réfléchir, ni à ce qu'on va faire, ni à ce qu'on fait, ni à ce qu'on a fait ! C'est cet état d'attention, où l'on a la plénitude de ses moyens, qui permet d'éviter la casse.

« Errare humanum est. Perseverare diabolicum » : se tromper est humain. Persévérer dans l'erreur est l'œuvre du pervers.

On touche là la grande différence existant entre la faute et l'erreur...

Souvent, beaucoup de gens parlent plus facilement d'erreurs que de fautes, notamment avec l'influence de la religion hindoue qui peut être mal comprise. Certains textes désignent ce que nous appelons faute comme une erreur. Nous serions victimes de la *maya*, d'un mirage ! Mais peut-être est-on responsable d'avoir entretenu cette maya, de ne pas être sortis de la nuit. Nous sommes en fait responsables de notre clairvoyance. Nous pouvions demander conseil à des sages. Nous pouvions écouter les observations de ces sages lorsqu'ils ont constaté que nous avions tort. L'erreur est basée sur les limites de notre intelligence et la faute sur les limites de notre volonté ! Mais les deux sont tout de même liées... Si l'on manque à la fois de volonté et d'intelligence, c'est difficile de progresser !

Dans toute cette histoire je crois beaucoup à l'éducation du petit enfant : tout se décide peut-être dans les douze premières années.

Mais quand ça n'a pas été le cas, n'est-ce pas un peu désespérant ?

Ce n'est pas désespérant quand on aime. Lorsque je m'occupais de délinquants on me demandait si ce que je faisais n'était pas désespérant ? Je répondais que si je cherchais le résultat je ne bougerais pas le petit doigt ! Aimer ces enfants qui ne l'ont pas été, quoi qu'ils fassent de cet amour, c'est cela qui est important ! J'en ressens la nécessité. Je ne peux pas ne pas les aimer. Le résultat ne m'appartient pas. Et s'il n'y en a qu'un sur cent qui s'en sort grâce à mon amour, je serais déjà immensément récompensé !...

Je ne suis pas d'accord avec quelqu'un qui disait : « Les enfants sont comme la crème : les plus fouettés sont les meilleurs. » Je ne suis pas d'accord du tout... (*Rires.*)

Par contre, j'aime beaucoup cette autre citation : « L'enfant met un siècle à grandir ; à douze ans il ne lui reste plus qu'à bâcler sa maturité en quelques heures et à expédier la vieillesse en deux minutes ». Un siècle à grandir ! Vous vous rendez compte !

L'individu prend du temps à se former... Quand je vois des petits enfants, je frémis. Je me dis : « Autour d'eux, met-on en exergue les vraies valeurs, ou des babioles ? »

Sur quoi porteront leur culpabilité et leur responsabilité ?...

J'ai développé cela dans mes ouvrages : *L'avenir est à la tendresse* et *Dieu était là et je ne le savais pas*. Dans ce dernier livre, je raconte mon enfance.

L'enfance qui est le grenier de nos émotions.

La culpabilité libératrice

Dialogue avec Philippe Naquet

Dans le monde de la recherche médicale, le sentiment de culpabilité est-il présent lors d'un échec ?

Dans la mesure où l'expérimentation médicale est en définitive faite, en grande partie, de nos désirs et de l'attente que les gens ont du résultat, l'échec est intimement lié à notre activité quotidienne. Il n'y a pas de journée sans échec ; il n'y a que des moments où l'on apprend à gérer les échecs, où l'on essaie de les anticiper et où l'on tente d'en tirer les informations qui nous mettent sur la voie. Alors, évidemment, ce qui nous motive, ce qui nous permet de tenir, c'est une immense curiosité.

Sans trop risquer de se tromper, on peut dire que nous avons plus de 60 % de notre activité qui est une activité de gestion de l'échec : dans l'expérimentation, la réflexion, l'anticipation, la compréhension, et cela est dû au fait que nous étudions des phénomènes complexes, intégrés, sur lesquels nous avons des prises expérimentales relativement sommaires, même à l'heure actuelle. C'est pour cela que nous avons toujours tendance à nous abriter derrière la technicité, qui est un moyen de gérer l'échec. En tant qu'ingénieur de notre propre travail, nous arrivons toujours à obtenir des résultats, mais il faut prendre garde à ne pas s'échouer sur l'écueil de la haute technicité exclusive ce qui, pour au moins deux raisons, demeure parfois une tentation : non seulement ça marche mais, de plus, nous sommes très compétents dans ces domaines.

Dès lors que nous possédons la faculté de transmettre aisément cette information aux gens qui nous entourent, ainsi que celle de la gérer avec des outils de communication très efficaces, nous pouvons nous éloigner des questions de base qui, pourtant, devraient nous habiter et même nous hanter quotidiennement.

Quelle part « théorique » a-t-on investie dans notre travail ? Combien de nos désirs et quelle rigueur y a-t-on mis ? Quel est l'équilibre entre désir et rigueur ? N'oublions pas que toute cette activité est stimulée par un profond sentiment de curiosité insatiable qui se heurte à la difficulté de l'exploration de l'outil biologique. Voilà pourquoi l'échec fait véritablement partie du vécu quotidien. D'ailleurs, lorsque nous commençons à encadrer les étudiants, nous sommes souvent amenés à leur apprendre à gérer leurs échecs. Du même coup nous devons aussi gérer les nôtres, parce que nous sommes toujours culpabilisés par le fait d'avoir donné quelque chose qui ne marche pas à quelqu'un que l'on est censé former en lui apportant ce qu'il est venu chercher.

Plus nous avançons dans ce métier, plus le succès peut paraître difficile à atteindre. En revanche, les phases de bonheur compensent largement les heures noires des mauvais jours.

Apprendre à gérer l'échec, est-ce apprendre à gérer le sentiment de culpabilité ou plutôt à le contourner ?

Dans ce métier, le sentiment de culpabilité est compliqué à définir. Je dirais qu'il est surtout ressenti vis-à-vis de soi-même, parce que c'est un métier où l'individu joue un rôle très important et peut s'exprimer. Nous nous demandons sans cesse (car nous avons une obligation de rigueur et d'exactitude) à partir de quand l'information que nous gérons et les résultats que nous cherchons à prouver ont une validité. Nous avons ainsi un souci permanent de vérification, de confrontation, d'où la nécessité de vivre en collectivité.

Son travail devant être nécessairement confronté, un chercheur ne peut plus vivre isolé.

Le sentiment de culpabilité naîtra donc naturellement de nos propres insuffisances, auxquelles nous sommes réellement confrontés chaque jour ! En fait, nous avons face à nous un objet complexe, nous savons qu'il est complexe, nous savons qu'il fonctionne malgré notre incapacité à le comprendre dans le détail (il y a donc frustration), mais pour parvenir à raisonner, à ouvrir des pistes, des voies, nous allons être obligés de le simplifier ! Et cette démarche simplificatrice, un peu théorique (parfois même scolaire, voire simpliste), conduit inévitablement à un déphasage entre l'objet de la recherche qui est profond, réel, et notre incapacité à l'atteindre. Dès lors, deux possibilités se présentent : soit nous nous déclarons incompétents, soit le sentiment de culpabilité ne naîtra pas tant de notre incompétence que d'une certaine frustration, d'une certaine inefficacité, de la vanité qu'il y a, au-delà de soi-même, au-delà de nos propres problèmes quotidiens, à vouloir comprendre le monde, à vouloir le mettre en équation, le gérer, le diriger... Et c'est un sentiment que nous avons tous !

Dans la mesure où nous sommes obligés de projeter fortement notre désir de comprendre, pour trouver la motivation et l'énergie nécessaires à la réalisation du projet, une telle énergie investie dans un but lointain, dissipatif, difficile à cerner, nous met alors dans une situation qui manque d'humanité. Il faut donc apprendre à la canaliser et à ne pas en ressentir trop de culpabilité, c'est-à-dire à ne pas se regarder comme un usurpateur du fait de ne pas savoir ou de ne pas comprendre.

La biologie est un domaine dans lequel les connaissances s'accumulent à un rythme soutenu, et, faisant notre *mea culpa* d'impuissance et d'ignorance minute après minute, comment, au niveau personnel, ne pas être culpabilisé par ce déséquilibre entre désir et réalité ?

Ensuite existe bien sûr la culpabilité collective. De manière brutale, nous pouvons dire que nous sommes payés pour nous amuser (intellectuellement bien sûr), c'est-à-dire pour trouver beaucoup de plaisir à ce que nous faisons, parce que c'est un des moteurs de ce métier. Mais quand je dis : « Je vais soigner le diabète, je vais soigner le cancer... », je sais profondément que mes chances d'y parvenir sont quasi infimes, sauf si j'ai un grand coup de bol... étant entendu qu'ici personne n'est génial ! Persiste alors un sentiment de culpabilité par rapport aux gens qui investissent beaucoup d'espoir dans le travail effectué par les chercheurs.

Certes, il n'y a pas d'autres solutions, mais cet espoir nous étant quotidiennement répercuté par nos bailleurs de fonds, nous sommes obligés, non pas de leur mentir, mais de leur dire : « Attention ! Certes, nous faisons de la recherche ; certes, nous espérons obtenir tel résultat ; mais bien que nous ne soyons sûrs de rien il faut pourtant que vous nous donniez vos sous pour qu'on puisse le faire ! »

Vis-à-vis d'un tel sentiment de culpabilité, auquel nous pouvons être soumis individuellement et collectivement, il faut bien trouver un langage, une façon d'informer les autres pour justifier ce que l'on fait au quotidien. Mais bon... on n'en meurt pas !

Peut-on légitimement penser que le nombre croissant de maladies endémiques accentue la pres-

sion sur les chercheurs et soit alors un facteur d'angoisse et de culpabilité ?

Je crois qu'il faut plutôt voir les choses ainsi : dans le domaine de la biologie, nous sommes passés d'une époque caractérisée par un certain obscurantisme aux connaissances d'aujourd'hui. Finalement, lorsqu'on parlait de maladies infectieuses on ne savait pas vraiment de quoi l'on parlait. Ce n'est qu'à la fin du XIXe siècle que l'on a commencé à prononcer le mot de « microbe ». Avant, ces choses n'étaient pas identifiées.

On pouvait toujours faire intervenir l'esprit malin, etc. D'ailleurs nous retrouvons encore ces idées-là en Afrique : quand on s'adresse à des populations malades, parasitées, on se rend compte qu'elles invoquent l'esprit du mal et non pas les microbes pour comprendre les raisons de l'infection. Puis cette tendance a basculé pour entrer dans une ère plus rationnelle où nous avons commencé à mettre un nom sur les gènes, sur les micro-organismes, sur les pathologies (les médecins ont alors fait de grandes descriptions sémiologiques) ; l'information aidant et le niveau de confort augmentant, toutes les couches de la société ont progressivement été informées et se sont senties non plus victimes, mais acteurs de leurs propres maladies.

Combien de personnes à l'heure actuelle n'instaurent-elles pas leur propre traitement, en pensant tout comprendre à ce qui leur arrive ? Alors qu'au même moment nous voyons encore des aberrations sur le plan thérapeutique, faites par des médecins mal informés... ! Il y a donc un décalage complet, grave, profond, entre la compréhension globale de ce qu'est la pathologie et la diffusion de plus en plus rapide des informations scientifiques. L'impression générale peut alors être qu'il y ait plus de pathologies émergentes qu'avant. Mais pourquoi ? Simplement parce que aujourd'hui nous mettons un nom sur ces choses-là ! En réalité il n'y a pas plus de pathologies émergentes que jadis, il y en a le même nombre mais découvertes plus vite, identifiées, nommées, etc.

Est-ce que cela augmente le sentiment de culpabilité ? De mon point de vue, il y a une information qui diffuse, qui se généralise (à la télévision passent sans arrêt des émissions qui vous disent comment faire lorsqu'on a un bouton dans le cou ou sur le nez, qui vous proposent des tas de produits pharmaceutiques miraculeux qui lavent plus blanc que blanc, etc.), et on en arrive à lessiver toute pathologie par des prouesses d'alchimistes, mais au fond le problème n'est pas là.

Face à cette dissipation de l'information, les chercheurs ont un devoir d'information renforcé par les politiques actuelles. On se rend compte que les États se désinvestissent, financièrement parlant, de la pure accumulation du savoir (c'est-à-dire le travail en bibliothèque des anciens temps : apprendre pour apprendre, apprendre pour la connaissance), que nous ne sommes plus du tout ni dans ce mode de pensée ni dans ce mode de financement, mais dans un mode de financement à la demande.

Pour prendre un exemple concret : si nous suivons l'évolution du financement des grosses équipes de recherches, en France comme à l'étranger, nous nous rendons compte que la part de la manne financière provenant de l'institution nationale est passée approximativement de 100 % à parfois moins de 50 % ! Le reste devenant un financement caritatif, à la demande des usagers, puisque nous sommes financés par des associations de lutte contre telle ou telle maladie ; associations elles-mêmes gérées par des personnes malades ou des familles de malades. En réalité, notre financement et l'orientation de notre recherche répondent à un besoin, à une attente. Cette attente se traduit en espèces sonnantes et trébuchantes, qui peut induire un renforcement du sentiment de culpabilité chez le chercheur. Peut-être serait-il par moments tenté de prendre quelques chemins de traverse, mais, étant donné que ces chemins ne lui rapporteront pas un sou, il est bien souvent entraîné dans les grandes avenues de la recherche biomédicale actuelle (cancer, maladies infectieuses, maladies cardiaques, etc.) qui sont, elles, évidemment très empruntées puisqu'elles permettent d'obtenir des moyens financiers. N'étant pas forcément en phase avec nous-mêmes, notre sentiment de culpabilité augmente. Premièrement parce que nous sommes obligés de faire une recherche à but finalisé alors que nous voulions faire une recherche fondamentale et, deuxièmement, parce que nous savons pertinemment que ce qui sera reçu devra être restitué d'une façon ou d'une autre !

Certes, encore une fois, ce n'est pas un sentiment qui tue, mais c'est un changement significatif et récent de nos mentalités. Toutefois cela ne veut pas dire que nous soyons toujours attirés par la recherche pure, la recherche de la connaissance ; au fond, beaucoup plus que comprendre comment fonctionne telle ou telle cellule, ce qui nous intéresse, cérébralement parlant, c'est de comprendre ! Et qu'on l'applique à un objet biologique ou à un objet *x*, la démarche intellectuelle est la même et le chercheur est celui qui stimule cette fibre quotidiennement.

D'une manière plus générale, selon vous, le sentiment de culpabilité est-il une sensibilité saine envers les autres, ou bien une névrose ?

Si c'était une névrose, je n'hésiterais pas à dire que tous les chercheurs sont névrosés !

Je pense que le sentiment de culpabilité est inhérent à notre fonctionnement. Un processus intellectuel débouche obligatoirement sur un questionnement, car le questionnement fait partie du démarrage même du processus intellectuel. La culpabilité est donc une boucle de rétro-contrôle qui permet de tester si le questionnement a été pertinent, s'il est toujours en vie ou si l'on se contente de mauvaises réponses « sécurisantes ».

Voilà pourquoi je le crois nécessaire ; nécessaire au sens presque physiologique, c'est-à-dire faisant partie intégrante de notre façon de conceptualiser et d'interroger. C'est ainsi qu'à chaque fois que nous apportons une réponse toute faite, nous risquons de stériliser ce sentiment là, et le stérilisant, du même coup, nous stérilisons notre quête d'une certaine vérité.

Pensez-vous que nous devions passer par le sentiment de culpabilité pour accéder à la responsabilité, comme une prise de conscience nécessaire des conséquences d'un acte avant de pouvoir l'assumer ?

Cela me paraît être une bonne façon de le formuler. Quand nous sommes jeunes étudiants dans le métier de chercheur, encadrés par des seniors, nous sommes livrés à nous-mêmes, et notre sentiment de responsabilité se résume alors à : « il faut travailler... » puisque, bien sûr, nous sommes là pour cela. À ce stade, nous ne sommes pas totalement responsables des conséquences de notre travail, dans le sens où nous n'engageons pas dans nos actions toutes les conséquences de notre réflexion. La responsabilité mentale, la responsabilité intellectuelle, l'engagement, ne viennent qu'à partir d'un certain niveau d'anticipation, de connaissance, de contrôle de ce que l'on fait et de ce que l'on dit.

Lors de nos premiers pas dans la recherche, on « naît » et on est irresponsable. Alors, pour autant sommes-nous culpabilisables ? Au début, nous sommes culpabilisés par de petites choses : une expérimentation qui ne marche pas, un déficit, une insuffisance du travail, une certaine inefficacité, etc. Je dirais que nous avons une culpabilité de l'ordre de celle d'un enfant qui renverse un bol de lait sur la table et qui se dit : « Zut ! j'ai fait une bêtise... » On entre dans la culpabilité par la petite porte, et peu à peu cette culpabilité se nourrit, s'enrichit de concepts, change d'espace et devra alors être gérée parce que de plus en plus liée à nos échecs, à nos difficultés. Un étudiant qui s'extirpe de trois ou quatre années de recherche, le fait après avoir géré plusieurs moments de culpabilisation importante. Ce n'est que lorsque nous avons commencé à gérer cela que nous pouvons prendre la mesure de la notion de responsabilité. Nous nous sentons responsables une fois que nous avons admis nos limites, une fois que nous avons admis l'espace dans lequel s'est inscrite notre réflexion et dans lequel les réponses sont arrivées. Le sentiment de responsabilité naîtra progressivement et il est intéressant de constater qu'il existe des moments de lenteur invraisemblable dans lesquels nous hésitons à sombrer dans l'irresponsabilité totale en se disant : « Finalement, je m'en fiche. Ce n'est pas mon problème ! » ou, au contraire : « Je n'y comprends rien, je suis mal à l'aise, mais il faut que je prenne en main ce problème ! »

Dès lors, le sentiment de responsabilité naît de cette continuité-là et un jour... ça vient : on se sent un peu plus sûr de soi. Nous ne sommes pas pour autant « rassurés », mais nous pouvons nous dire que nous avons fermé une boucle, que nous avons assumé une partie du chemin. Nous sommes alors capables de montrer à quelqu'un d'autre l'obstacle que l'on a franchi. C'est pour cela que l'on ne peut pas être confronté à une démarche d'acquisition de connaissance (c'est un point de vue très personnel) sans immédiatement la partager. Dans mon métier, je ne vois pas comment je pourrais dissocier ce désir, cette curiosité maladive de comprendre, d'un sentiment immédiat de responsabilité et d'obligation de transmettre. C'est sans doute la raison pour laquelle j'ai choisi d'être à la fois enseignant et chercheur.

En tant qu'enseignant et chercheur, pensez-vous que la notion de responsabilité fasse partie de la formation que reçoivent les étudiants ou alors que cet aspect humain soit plutôt négligé dans un environnement purement scientifique ?

Dans ce cadre-là, je parlerais plutôt des étudiants en médecine. Pour mon expérience personnelle, jamais on ne m'a dit que l'objectif final était de soulager ! La seule chose qu'on m'ait dite était qu'il fallait que j'apprenne mes cours afin de bien savoir si le cœur était dans la tête ou ailleurs, si nous avions dix ou quinze orteils, etc.

Ce n'est que lorsque nous sommes confrontés au malade, que naît « éventuellement » ce souci de responsabilité. Nos études ne nous y préparent pas autrement qu'en nous y exposant. Mais peut-être cela suffit-il car je vois mal comment le contact avec quelqu'un qui souffre ne serait pas la meilleure façon d'apprendre que le premier devoir envers un souffrant est au moins de lui apporter un soulagement. Alors peut-être nos études sont-elles là pour nous exposer à cette douleur, mais il faut reconnaître que cela se fait de manière un peu brutale : les premières années comptent souvent de longues nuits d'angoisse. Néanmoins, j'aurais tendance à dire que c'est parce que nos études nous ont justement confrontés à ces souffrances qu'elles nous obligent à aller au-devant de nos responsabilités.

Dans le cas des étudiants scientifiques, le problème est différent puisque eux ne sont pas directement confrontés à la douleur et à la mort d'un homme.

Si d'un certain côté nous pouvons considérer le sentiment de culpabilité comme un état positif (dans le sens où il ouvrirait la porte à la responsabilité, donc à la liberté), en revanche un sentiment de culpabilité trop lourd ne peut-il pas s'opposer à cette même liberté de l'être humain ?

Trop lourd, certainement. Le problème est que nous avons un devoir de positionnement. Par exemple, pour le métier de chercheur, il faut trouver son niveau d'intervention. Il ne sert à rien de rêver d'être prix Nobel, si l'on sait pertinemment que l'on n'en a pas les moyens. Il y a peu de prix Nobel, mais beaucoup qui en rêvent !

C'est donc la mauvaise façon de se positionner, car si l'on met la barre à un tel niveau, la culpabilité sera écrasante ! Il est même probable qu'on n'en sortira pas... En revanche si, avec du temps, nous acceptons de renoncer à certains de nos désirs, nous pouvons alors trouver un positionnement dans lequel la dose de culpabilité que l'on porte sera plutôt un moteur. Je pense même que, face à certains choix difficiles (comme mettre un terme à une recherche qui n'aboutit pas, quand on y a investi tous ses espoirs), c'est le sentiment de culpabilité qui donne la liberté de choisir et de dire non. Sans ce sentiment de culpabilité, nous perdons cette liberté de choix et nous nous enferrons alors dans notre première décision qui, évidemment, s'avère être une erreur ! Je connais au moins deux personnes qui n'ont pas supporté cet échec : l'un s'est suicidé et l'autre a été atteint d'un infarctus grave.

Dans certains cas, le sentiment de culpabilité est donc bien générateur de liberté. Sans lui nous nous exposons au risque de surfer sur nos rêves jusqu'à la fin de nos jours !...

Sous l'influence de la psychologie moderne, nous assistons souvent à une volonté de déculpabilisation systématique. Selon vous, est-ce une évolution de l'humain prônant le pardon plutôt que la condamnation ou, au contraire, une attitude entraînant des comportements d'indifférence ?

S'il est nourri, contrôlé, éduqué, le sentiment de culpabilité est vraiment une source de liberté, d'affranchissement de soi. C'est un moment où l'on trouve sa limite et où l'on passe au-delà, non pas en la repoussant sur le même terrain, mais en changeant d'espace. Dès lors, on grandit. Donc, déculpabiliser à outrance est forcément source d'échec. On ne doit pas plus déculpabiliser que culpabiliser à outrance. Il est tout aussi négatif d'enfermer un individu dans sa culpabilité que de l'isoler dans ses rêves en le déculpabilisant.

À mon sens, le sentiment de culpabilité devient véritablement source de liberté, pour peu qu'on apprenne (et sans doute est-ce là que réside toute la difficulté) à le reconnaître, chez soi comme chez l'autre, afin d'identifier les avantages et les dégâts qu'il peut occasionner.

Alors « indifférence » ou « pardon » face à la culpabilité, ce n'est pas entre ces deux états qu'il faut choisir. Au contraire, il faut vivre entre les deux.

De la souillure à la réconciliation

Dialogue avec Jean-Yves Leloup

Lorsqu'on aborde le thème de la culpabilité, on s'aperçoit que « le champ est large ».

Déjà sur le plan religieux la culpabilité est très présente, puisqu'on enseigne presque à l'enfant la notion d'une culpabilité d'être, une culpabilité « adamique ». Puis on constate que la vie quotidienne est souvent vécue dans un étroit rapport : culpabilisation-déculpabilisation, action-réaction...

En conséquence, peut-on s'extraire de la culpabilité de se savoir coupable ? Et, si oui, comment ?

Il faudrait tout d'abord s'interroger sur ce que veut dire « être coupable », « se sentir coupable » ?

À côté de notre culpabilité, il y a plusieurs sentiments qu'on pourrait mettre en résonance, en synchronicité, notamment la honte. La honte d'être soi, d'avoir fait cela. Dans le sentiment de honte, il y a de la lucidité, mais aussi de la noblesse, de la pudeur, de la conscience...

Être coupable peut être lié à la souillure, à la faute, ou au péché. Et là je crois qu'on mélange souvent les « plans ». Après s'être interrogé sur « qu'est-ce que la culpabilité ? » vient la deuxième partie de la question : « Comment en sortir ? » Si par exemple la culpabilité est de l'ordre de la souillure, donc du monde des corps, de la contamination, le « comment en sortir ? » sera le nettoyage physique, enlever la saleté, se libérer de la peur d'être sali (dans les traditions, il existe beaucoup de rituels de purification). C'est une fixation qui, généralement, au niveau psychologique, est située au stade anal.

J'ai connu de jeunes actrices qui ne pouvaient pas sortir dans la rue parce qu'elles avaient un bouton sur le nez...

Il y a donc bien une identification au corps et ce qui salit le corps, le souille, le contamine est considéré comme source à la fois de honte et de culpabilité. Les rituels pour en sortir sont des rituels de nettoyage, de purification, de lavage, de détartrage, de décontamination.

La faute, elle, est déjà d'un autre ordre. La faute se situe par rapport à une loi, à un ordre. Il y a culpabilité lorsqu'on sort de cet ordre, de cette loi. Nous sommes davantage dans le domaine appelé, en psychanalyse, le Surmoi.

Mais avant de parler du Surmoi, réaction pouvant devenir une pathologie, il faut savoir que dans la culpabilité se trouve aussi plus simplement une certaine lucidité. On sent qu'on a quitté un ordre, nous sommes passés à côté, nous avons enfreint une des lois de la société. Cette culpabilité est le rappel que nous appartenons à une société donnée, mais elle n'est pas toujours négative. Elle ne devient négative que si l'on s'y enferme.

De la culpabilité on ne peut pas, a priori, dire : « C'est mal, c'est mauvais », comme parfois certains psychologues l'ont fait, pensant que tout le travail était de « déculpabiliser ». En fait, le travail n'est pas de déculpabiliser mais de mettre davantage de conscient dans la culpabilité pour la délivrer de ses abcès et de ses accès pathogènes.

En ce qui concerne l'ordre : quand il y a infraction à une loi de la société, une dette doit être payée, quelque chose doit être remboursé, expié. Intervient alors non plus le rituel de purification, de nettoyage, mais ce qu'on pourrait appeler les « rituels de dettes » : la prison, ou autres formes de remboursement de la faute.

Nous ne sommes plus seulement dans l'ordre

physique, mais dans l'ordre social et dans l'ordre psychologique. Le problème est que l'on peut effectivement se sentir coupable de ne pas appartenir à un ordre qui lui-même est malsain !

Ce qu'aujourd'hui on appelle la santé, dans le sens freudien du terme, c'est-à-dire l'adaptation à une société donnée, n'est pas toujours un signe de santé ! Être bien adapté à une société malade, n'est pas un signe de santé et, dans ce sens, être adapté à un ordre n'est pas toujours un signe de santé...

Parfois, dans certaines sociétés, des êtres doivent traverser une culpabilité saine et aller au-delà... Il est possible qu'enfreindre les lois de la société n'entraîne pas pour eux de culpabilisation à outrance, dans la mesure où ils ont relativisé les lois, les ordres de cette société, obéissant eux-mêmes à un ordre supérieur ou à une inspiration, qui relativise ces ordres dans lesquels ils se trouvent.

De la même façon, un enfant, pour devenir lui-même, devra apprendre à quitter le désir dans lequel parfois sa mère l'a enfermé : ne pas faire le métier que papa ou maman veulent... Cela non plus ne sera pas sans source de culpabilité ! « Je te l'avais bien dit ! Si tu fais ceci, si tu fais cela, il va t'arriver du malheur... » Il y a une sorte de malédiction, un mauvais dire, sur l'enfant, lorsque cet enfant devient autonome. La culpabilité est alors sociale et psychologique.

Puis en dehors de la faute et de la souillure, il existe une autre culpabilité que l'on a appelée le « péché ». Dans le sens positif du terme, il s'agit de la culpabilité de se sentir à côté de l'Être qu'on est appelé à être. Sentir que les personnages que nous jouons, que nous vivons, ne sont pas notre Être véritable. C'est une culpabilité très profonde, se transformant parfois en nostalgie. Une nostalgie de l'Être, une nostalgie de la Vérité, de la beauté, de la simplicité, de l'amour... Nous nous sentons coupables dans le sens du mot péché, « *hamartia* » : à côté de soi-même, à côté de l'Être qu'on est appelé à incarner, à vivre.

Ce sentiment de culpabilité peut être quelque chose de beau, de grand. Se sentir pécheur, sentir, avoir en soi cette sensation, cette intelligence, ce discernement qui nous permet de dire : « Là, attention, je déraille... Là, attention, je me mens à moi-même ; non seulement je mens aux autres (ce qui est de l'ordre de la faute, puisque je transgresse un ordre), mais en plus je transgresse mon intimité, cette loi qui s'inscrit dans ma sève. »

Je menace donc mes propres fruits, mon propre accomplissement.

Puis, dans un sens tout à fait négatif, il y a la culpabilité dite *morbide*.

Dans le monde des religions on a greffé sur la peur (peur de la contamination, peur de la souillure) non seulement quelque chose de psychologique, mais aussi de religieux, de spirituel. Ainsi, non seulement nous souffrons d'être sales, de nous être salis à faire ceci ou cela, mais nous nous sentons coupables spirituellement, comme si nous avions transgressé l'ordre divin ! De la même façon, lorsqu'on a transgressé la loi (la loi d'une société, d'une Église), nous nous culpabilisons comme si avait été transgressée la loi de Dieu Lui-même...

De la souffrance est ainsi ajoutée à la culpabilité et, là, on peut vous enfermer. Je crois que dans beaucoup de mondes religieux on a rajouté de la culpabilité à la culpabilité, ce qui est source de souffrance et de désespoir. Certaines personnes se croient alors damnées, exclues, rejetées de Dieu, perdues, ce qui est un sentiment terrible... !

C'est un fait de se sentir sali, contaminé, c'en est un autre de se sentir exclu de la société. Le ressenti est tellement fort, que beaucoup d'êtres vont à l'encontre de leur propre voix intérieure pour obéir à la voix de la société, afin ne pas en être exclus. Cette réaction crée une sorte de sentiment de malaise, et justement de culpabilité spirituelle !

Voilà pourquoi il est important de ne pas ignorer le côté positif de la culpabilité. Cependant, il faut bien reconnaître que, dans le monde religieux, loin d'être délivrée, d'être guérie, la culpabilité n'est souvent qu'accentuée.

Que pouvons-nous trouver dans les Écritures qui nous aide à sortir de cette impasse ?

Que fait le Christ dans son enseignement ? Je pense à une parole qui me revient toujours : « Si ton cœur te condamne, Dieu est plus grand que ton cœur. » En dehors de la société et de notre propre conscience, il y a une autre instance qui nous juge. Paul Ricœur le note bien quand il dit que « le drame de l'homme contemporain est qu'il n'a pas d'instance plus haute que sa propre conscience ». Il s'enferme donc dans la culpabilité. C'est la raison pour laquelle certains psychanalystes ont parlé d'une « culpabilité originelle » : l'homme se sent coupable d'exister tel qu'il est !

Je pense aussi à un psaume qui, interprété dans ce sens-là, peut être une catastrophe, celui disant : « Pécheur ma mère m'a conçu... »

Ma mère m'a conçu dans le péché. Je suis donc né coupable, je suis né pécheur. Or, si nous regardons ce texte de plus près, il s'agit d'observer que nous sommes nés dans la peur et la culpabilité, au lieu de naître dans la confiance et le désir. Je ne suis pas né d'un acte de confiance et d'abandon, pas plus que je ne suis né du désir.

En fait, je ne suis pas né dans l'amour, je n'ai pas été « porté » dans l'amour. Dès lors, je ne me porte pas *bien* puisque l'amour ne me porte pas ! Je me porte plutôt dans la peur, dans la méfiance et dans la culpabilité.

Voilà ce qui sera appelé la faute originelle, la peur originelle, la culpabilité originelle. Autant de mots pour dire que, psychologiquement, l'être humain se sent coupable d'être né. D'une certaine façon, il se sent coupable d'être mortel avec une âme immortelle... car, dans le sentiment de culpabilité, il y a aussi cette sensation de ne pas être à sa place dans des limites.

On s'approche de la dimension métaphysique de la culpabilité. Être dans des limites et se savoir sans limites va créer cette sorte de malaise qui fait que l'on se sent coupable d'exister.

De là sont nés tous les grands mythes de la chute : l'esprit tombé dans la matière, l'ange tombé des cieux. Cette impression d'être sur la terre en exil, dans nos limites, dans notre forme. Le simple fait de naître, d'être dans l'espace-temps devient source de culpabilité.

Quel en est le remède ?

Si le remède à la souillure est de se nettoyer, que le remède à la faute est de payer sa dette (payer avec du temps passé à expier cette faute, que ce soit en prison ou dans un lieu qui suppose la réparation), face au péché, la guérison sera alors appelée la « réconciliation ». Le péché étant aussi le fait de briser une amitié, de briser une relation, il s'agit donc de se réconcilier avec son être comme de se réconcilier avec l'Être qui nous fait être... Voilà pourquoi on parlera de réconciliation.

Au niveau métaphysique, sortir de la culpabilité c'est s'accepter dans ses limites, s'accepter incarné, s'accepter dans un corps... et aimer cette corporéité ! C'est savoir que l'espace qui remplit la cruche est l'espace-même qui remplit tout l'univers mais que pour vivre cet espace il n'est pas nécessaire de casser, de mépriser la cruche, comme il n'est pas nécessaire de se sentir coupable d'être une cruche... Puisque nous sommes des cruches, acceptons-nous cruches, et dans cette « cruchéité » accueillons l'Infinité qui nous habite.

Mais voilà sans doute la chose la plus difficile à vivre, puisque ceci est tout le mystère de l'incarnation !

Que peut générer un refus de nos limites ?

Le Christ nous a enseigné que nous avons à vivre ce « sans-limites » dans nos limites. Le sans-forme est à vivre dans la forme, l'Incréé à vivre dans la création, l'Éternel est à vivre dans le temps. Mais le temps en nous, les formes, les limites, la cruche que nous sommes n'y croit pas ! Elle n'y croit pas et s'enferme dans ses limites. Et l'enfermement dans ses limites, c'est l'enfer de la culpabilité.

C'est pour cela qu'il est important de se rappeler que nous sommes dans une époque où l'homme n'a pas d'autres critères de jugement que sa propre conscience. Il est enfermé dans sa propre conscience, d'où l'importance de la dimension spirituelle.

Mais qu'est-ce alors que la dimension spirituelle ? C'est introduire dans le psychisme quelque chose qui n'est pas psychique : si ton cœur te condamne, si ton psychisme te condamne, s'il y a de la culpabilité en toi, sache qu'il y a quelque chose de plus grand que la culpabilité.

On pourrait prendre l'exemple de David dans la Bible. David le roi messie, celui qui a reçu l'onction de Dieu, celui qui a reçu l'huile sainte, qui est habité par le Souffle. Eh bien, cet homme est non seulement un violeur, mais un criminel : il prend la femme d'Uri. Alors qu'il a de très nombreuses concubines, eh bien, non, il veut la femme unique de cet homme pauvre qui est un de ses militaires. Et pour avoir cette femme il envoie ce militaire se faire tuer. Ainsi le roi des juifs, le messie, (dans la Bible on l'appelle bien Christ, car David est un messiah) est un homme qui va vivre ses limites. Ses limites dans le sens où il a beau avoir reçu l'onction, avoir été l'élu de Dieu et appelé au commandement de son peuple, il a des vices, des volontés d'appropriation tout à fait humaines.

Le rituel que va lui proposer le prophète Nathan est tout d'abord un rituel de lucidité. Ne pouvant pas l'attaquer de front (parce que c'est son roi, il ne peut pas lui dire en face : « Tu es un pécheur, tu es un dégoûtant, un criminel, un violeur ! »), Nathan emploie alors une parabole et lui donne l'exemple de cet homme qui avait cent brebis, qui était riche et festoyait tous les jours. À côté vivait un homme qui avait une seule petite brebis. Elle était comme sa fille, il la chérissait, la nourrissait, elle était belle, grasse. Il l'aimait tendrement, comme sa fille. Puis voilà que, un jour, l'homme riche reçoit des hôtes et afin de préparer le repas de festin, au lieu de prendre de son abondant troupeau, il va chercher la brebis de cet homme pauvre et la fait rôtir !

À ce moment-là, David entre en colère et dit : « Un tel homme mérite la mort ! »

Alors Nathan répond : « Cet homme c'est toi... »

Il y a donc ce passage par la lucidité où David reconnaît : « J'ai péché contre cette femme, contre cet homme... Mais avant tout j'ai péché contre Dieu, c'est-à-dire j'ai péché contre la Vie ! »

Ses yeux s'ouvrent, et il se rend compte qu'il a effectivement exploité la Vie à son profit, et ce, en la détruisant.

Il s'agit bien d'une atteinte de la dimension divine de son être, en lui-même et dans l'autre. Avec cette lucidité, cette conscience du péché, arrive la culpabilité. Là, il va se repentir, il va revenir à lui-même, sur lui-même, et pendant plusieurs jours il jeûne, prie, enlève son vêtement royal : il se reconnaît comme poussière. Bien qu'ayant reçu l'onction il est comme les autres, tout aussi limité que les autres, aussi glaiseux que ses frères. Mais ce dont il se rend surtout compte, c'est qu'il a abusé de son titre de roi messie pour envoyer quelqu'un à la mort.

Il se sent donc coupable, pendant un moment il traverse bien la phase de culpabilité, mais il ne s'y enferme pas car, nous dira le prophète, il y a alors ce rappel : « Dieu est plus grand que ton cœur... Tu as commis cette faute, mais tu n'es pas que cette faute. »

C'est là tout le sens du pardon : on peut avoir fauté, on peut avoir péché, on peut s'être souillé, mais nous ne sommes pas que cela ! Si ton cœur te condamne, Dieu est plus grand que ton cœur...

Voilà le rôle des religions : aider les personnes à sortir de la culpabilité, à se rendre compte que même si la société les condamne (un homme peut être condamné injustement par la société) c'est Dieu qui juge ! Le jugement des hommes est relatif. Il est lié à tellement de choses... On le voit aujourd'hui dans nos sociétés, dans nos différents tribunaux : selon qui a le pouvoir, la justice n'est pas la même pour tout le monde.

Heureusement qu'il n'y a pas que le jugement des hommes, mais aussi le jugement de Dieu, le jugement de l'Être.

Le jugement de l'Être, c'est se sentir en paix même lorsqu'on est accusé coupable par des hommes. Il se produit une sorte de paix mystérieuse, qui fait qu'alors que les autres vous condamnent vous demeurez néanmoins en paix. Vous pouvez les regarder en face, et là, c'est le juge qui baisse les yeux.

Le Christ nous révèle que, quelles que soient nos fautes, nous ne sommes pas « que » nos fautes, il y a une possibilité d'en sortir. En échappant à une identification à notre karma, et aux conséquences néfastes de nos actes, nous sortons de la culpabilité, de la faute ; nous sortons du péché à travers le pardon.

Mais, auparavant, il faut bien sûr passer à travers la reconnaissance de ses actes, et parfois nous parlons trop vite du pardon, de déculpabilisation.

Je l'ai vu avec certains hommes en prison, à une époque où je me posais davantage en psychologue qu'en prêtre. Je me souviens d'un prisonnier me disant : « Ne me déculpabilisez pas ! J'ai vraiment tué, et je sais que c'est mal... Mais dites-moi que, malgré ma faute, je ne suis pas qu'un criminel. »

Dites-moi que je suis aussi un fils de Dieu. C'est la parole de l'Évangile ! Mais bon... cette parole de l'Évangile a-t-elle été transmise ? La transmet-on encore aujourd'hui ?

Souvent, non seulement vous êtes un criminel, mais vous êtes coupable d'être criminel, et en rajoutant ainsi on enferme les gens dans leur faute !

Je pense notamment au suicide. Je me souviens d'une amie qui s'était suicidée et pour laquelle j'avais demandé, chez les dominicains, que l'on prie... Cette femme qui se droguait et se prostituait avait découvert le Christ. Elle était alors sortie de la drogue et de la prostitution, mais à un moment y était retombée. Et, un jour, elle me dit : « Je ne peux pas faire ça à Jésus ! »

Elle s'est alors tuée avec de la mort-aux-rats ! C'est une mort absolument horrible... La culpabilité l'avait enfermée.

Mais ce qui me frappa, lorsque je demandai que l'on prie pour cette jeune femme, fut cette réponse : « On ne prie pas pour les suicidés ! » Là, j'ai compris que l'Église pouvait non seulement rajouter de la culpabilité à la faute, et enfermer les gens dans la faute, mais pouvait aussi, à un niveau très profond, ne pas aider, empêcher l'évolution de ces êtres vers leur lumière. On ne peut pas nier que, dans cet acte de suicide, il y avait aussi beaucoup d'amour : « Plutôt que te tromper, plutôt que te faire du mal, je préfère me détruire... »

Nous sommes bien d'accord, ce n'est pas la façon juste de réagir. Cependant l'intention de cette jeune femme n'était pas la recherche de sa propre mort, mais une recherche de pureté, et de justification.

Notre éducation devrait nous permettre de nous accepter avec nos souillures et nous apprendre que la terre, la boue, ce n'est pas *sale*... Ce n'est pas sale, puisque c'est notre nature ! Un rat n'est pas sale, puisque c'est sa nature de vivre dans les égouts.

Il faut savoir (et accepter) qu'en nous-mêmes il y ait des égouts...

Pour revenir au niveau métaphysique, nous dirions qu'il faut s'accepter comme étant de la boue, et savoir que dans nos eaux vives se mêlent des eaux d'égout, de la même façon que dans le lac de Tibériade (comme dans les eaux du Jourdain) se mêlent les égouts des bordels de la ville... Mais ça, quelque chose en nous le refuse !

À la racine de la culpabilité il y a ce refus de nos limites.

Il est sûr qu'il y aurait bien d'autres choses à dire... en particulier, revenir sur ce « Pécheur, ma mère m'a conçu... », c'est-à-dire je suis né dans la peur et la culpabilité.

Dès lors comment retrouver la confiance perdue, comment retrouver le désir perdu ? Le désir de vivre, dans un corps limité, cet Infini qui m'est donné quelquefois à vivre dans la nostalgie. Comment le vivre dans le présent ? Et comment vivre le présent dans des limites... ?

Face à ce que nous pouvons appeler une « culpabilité première » (la reconnaissance de la faute) est-ce que la non-acceptation de celle-ci risque d'engendrer, une « culpabilité seconde », source alors d'agressivité, de violence, d'angoisse ?

Il est vrai que l'effet le plus pervers de ce que l'on pourrait appeler une déculpabilisation à outrance serait justement de sécréter l'angoisse.

L'angoisse qui naît d'un manque de repères et de limites. Nous savons qu'un enfant, pour grandir, a besoin à la fois de sécurité et de liberté. Trop de sécurité l'enferme, tue sa créativité, tue sa liberté, son identité ; mais trop de liberté l'angoisse. Il ne sait plus où sont ses limites. Raisons qui le font conduire son père ou sa mère à bout, pour justement recevoir la claque ou le geste lui montrant les limites.

La culpabilité est également une façon de reconnaître, de sentir ses limites. De les sentir douloureusement comme de sentir douloureusement que cette nostalgie de l'Éternel, cette beauté, cette grandeur, ce goût de la Vérité, c'est dans un être mensonger que nous le portons. Accepter cette ambiguïté humaine...

La maturité de quelqu'un se mesure à la capacité d'ambiguïté qu'il peut porter. Ce qu'un adolescent lui, ne peut pas assumer, pour lui c'est soit tout blanc, soit tout noir.

En revanche, un adulte est justement quelqu'un capable d'accepter que ce soit blanc *et* noir.

Notre être est mélangé ; il est impur, imparfait... et pourtant perfectible. Il ne faut nier aucun des aspects de cette réalité-là. D'une certaine façon, ne pas s'accepter dans ce sentiment de nos limites peut être source de culpabilité au niveau psychique.

C'est se demander pourquoi cet esprit est là, dans cette étroitesse, alors qu'il y a en nous l'aspiration à la vastitude !

Ne pas accepter cela peut permettre la manifestation d'une sorte d'agressivité. La non-reconnaissance, la non-acceptation de nos limites, créent en nous de l'agressivité ; et qu'elle soit contre les autres ou soi-même, c'est la même chose, puisque la culpabilité c'est avant tout de l'agressivité contre soi.

Je n'accepte pas mes limites, je n'accepte pas les limites de l'autre ; je n'accepte pas mes impuretés, je n'accepte pas les impuretés de l'autre ; je n'accepte pas mes fautes, je n'accepte pas les fautes de l'autre ; je n'accepte pas mon péché, je n'accepte pas le péché de l'autre...

Nous sentons bien que la clé de la délivrance sera toujours dans cette acceptation, non complaisante, de soi-même. L'acceptation d'être perfectible, mais non parfait.

Nous sommes infinis... mais dans des limites. Nous avons une étincelle de vie incréée, mais dans nos limites.

Puis, avec l'agressivité, nous avons aussi l'angoisse, et il faudrait redéfinir ce concept d'angoisse.

Il y a l'angoisse banale et l'angoisse au sens existentiel du terme. Angoisse telle qu'en parle Kierkegaard et telle qu'en parlera Heidegger après lui, comme le propre de l'homme :

« L'homme est le seul animal qui sait qu'il va mourir... »

La mort n'est pas le vers qui ronge le fruit, mais le noyau même du fruit. L'angoisse n'est pas le vers qui ronge notre vie d'homme se sachant voué à la mort, mais le noyau même de notre être. Nous sommes des êtres pour la mort...

Mais d'où vient cette angoisse ? Elle vient de la non-acceptation d'être des êtres pour la mort !

S'accepter pour la mort est le remède proposé par Heidegger, issu d'une certaine sagesse stoïcienne (s'accepter mortel c'est la grandeur de Marc Aurèle, c'est la grandeur du sage retrouvé dans beaucoup de traditions) car on devient sage en renonçant à l'immortalité... On se délivre de l'angoisse en niant la dimension positive de ce qui a été à la source de cette angoisse !

Si nous n'étions *que* mortels... nous ne serions pas angoissés d'être mortel ! Un animal n'est pas angoissé d'être mortel. Si l'homme est angoissé d'être mortel, c'est qu'en lui se trouve un sujet qui n'est pas que mortel.

L'angoisse peut ainsi être un aiguillon, un rappel que dans ce corps mortel accepté existe aussi une autre dimension.

Mais tant que nous refuserons cette dimension mortelle, nous pourrons être très spirituels, nous raconter beaucoup d'histoires... ça ne changera pas grand-chose !

C'est l'attitude de certains religieux qui, pour fuir cette angoisse, racontent qu'ils sont immortels mais sans acceptation de leur mortalité, d'où le risque d'illusion, de « décollage », au sens psychologique et même physique du terme.

Séparés de notre identité terrestre, nous sommes séparés de notre identité mortelle et nous nous créons ainsi un être immortel sans connexion avec soi ! Et ça, non plus, ne va pas sans angoisse, parce que notre corps, lui, sait qu'il est mortel, et il rappelle à cette belle âme, à cette âme pure, éthérée, à cette blanche colombe, que c'est dans le corps d'un « vieux rat » que ça se passe... !

L'angoisse arrive, parce que la blanche colombe croit qu'elle va y perdre ses ailes, qu'elle va y perdre son caractère immaculé, son caractère d'espace...

Cependant comment accepter le rat en nous... sans nier la colombe ? Accepter seulement le rat, c'est l'existentialisme et l'absurdité. C'est penser que nous sommes de la boue et retournerons à la boue ; que le monde est un égout où nous ne faisons que passer... !

L'autre aspect, c'est dire : « Nous sommes de blanches colombes... se poser sur terre, quelle horreur ! Quelle misère... la vallée de larmes... etc. » Et ce n'est pas mieux !

Il y a bien deux discours : celui du vieux rat et celui de la blanche colombe, mais l'homme n'est ni un vieux rat ni une blanche colombe, c'est un homme !

Être un homme, c'est savoir qu'il y a en nous de l'espace, une infinie pureté, et en même temps de la matière, du corps. Et c'est dans cette acceptation que, peut-être, nous pouvons sortir de l'angoisse, de la culpabilité et de la violence.

REGARDS D'HIER ET D'AUJOURD'HUI

par Marie de Solemne

L’angoisse culpabilisante

S’il est bien un sentiment qui mérite que l’on s’interroge sur ses origines, c’est sans aucun doute le sentiment de culpabilité. À elle seule, l’expression « sentiment de... » exprime d’ailleurs assez fort l’ambiguïté qui entoure l’émotion ressentie.

Avoir le *sentiment de*, c’est présupposer une pensée, une attitude de l’autre ou des autres envers soi-même, et ce avec toutes les marges d’erreur que cela comporte...

Dès que l’on s’interroge sur un sentiment de culpabilité que nous avons pu ressentir (ou que nous ressentons) nous réalisons sans peine qu’il s’abreuve à une peur, à une angoisse qui, bien qu’indéniable, n’en reste pas moins délicate à identifier avec justesse.

Mais la difficulté ne s’arrête pas là. La notion de culpabilité appelant celle du « mal », le problème s’opacifie encore un peu plus... Comme le dit

E. Drewermann : « En surface, il n'est sûrement pas toujours facile de s'apercevoir que la racine profonde du mal, c'est l'angoisse. Il faut bien souvent faire appel à la psychanalyse, ou disposer d'une extraordinaire capacité de sympathie, pour déceler cet élément capital sous les déformations ou les excroissances maladives de la psyché. »

Pour Freud, l'angoisse responsable du sentiment de culpabilité semble d'une affligeante fidélité : souvent rencontrée dès la plus jeune enfance, elle colle toujours à la peau et au cœur de l'adulte, assassinant sa liberté intérieure à coup de manques répétés et sournois ; il s'agit, bien sûr, de l'angoisse de n'être pas aimé !

Dans son ouvrage *Malaise dans la civilisation*, Freud met directement en relation, le sentiment de culpabilité, la notion de bien et de mal et *l'angoisse devant le retrait de l'amour.*

« Tout d'abord, si l'on se demande comment on arrive à éprouver ce sentiment, on reçoit une réponse impossible à réfuter : on a conscience d'être coupable (les gens religieux disent : d'avoir péché) si l'on a commis quelque chose qu'on reconnaît être "mal". On remarque alors combien l'apport de cette réponse est maigre.

« Peut-être, après quelque hésitation, ajoutera-t-on : celui-là aussi qui n'a pas commis le mal, mais reconnaît en avoir eu simplement l'intention, peut se tenir pour coupable. Nous poserons alors cette question : pourquoi, en ce cas, considère-t-on l'intention et l'exécution comme équivalentes ? (...)

« Souvent, le mal ne consiste nullement en ce qui est nuisible et dangereux pour le moi, mais au contraire en ce qui lui est souhaitable et lui procure du plaisir. Là donc se manifeste une influence étrangère, qui décrète ce qu'on doit appeler le bien et le mal. Comme l'homme n'a pas été orienté vers cette discrimination par son propre sentiment, il lui faut, pour se soumettre à cette influence étrangère, une raison.

« Elle est facile à découvrir dans sa détresse et sa dépendance absolue d'autrui, et l'on ne saurait mieux la définir qu'angoisse devant le retrait de l'amour. S'il lui arrive de perdre l'amour de la personne dont il dépend, il perd du même coup sa protection contre toutes sortes de dangers, et le principal auquel il s'expose est que cette personne toute-puissante lui démontre sa supériorité sous forme de châtiment. Aussi le mal est-il originellement ce pourquoi on est menacé d'être privé d'amour ; et c'est par peur d'encourir cette privation qu'on doit éviter de le commettre.

« Ainsi donc, fort peu importe qu'on l'ait

commis ou qu'on ait eu seulement l'intention de le commettre ; dans un cas comme dans l'autre, le danger ne surgit que dès l'instant où l'autorité découvre la chose, et dans les deux cas elle se comporterait semblablement.

« On nomme cet état "mauvaise conscience", mais à proprement parler il ne mérite pas ce nom, car à ce stade le sentiment de culpabilité n'est évidemment qu'angoisse devant la perte de l'amour, qu'angoisse "sociale". Chez le petit enfant il ne peut jamais être autre chose ; mais chez beaucoup d'adultes il ne change guère, hormis le fait que la grande société humaine prendra la place du père ou des deux parents. Aussi ces adultes ne se permettent, en règle générale, de commettre le mal susceptible de leur procurer un plaisir que s'ils sont certains que l'autorité n'en saura rien ou ne pourra rien leur faire ; seule la crainte d'être découverts détermine leur angoisse. »

Nous pourrions donc penser qu'il suffit de bien cacher ses petites (ou ses grandes) vilenies pour que le sentiment de culpabilité nous laisse en paix. Mais il n'en n'est rien. Si l'on peut toujours espérer pouvoir se cacher des autres, il est bien plus difficile de se cacher de soi-même. Et Freud nous rappelle que le juge le plus intransigeant se trouve souvent à l'intérieur de nous : « Un grand changement intervient dès le moment où l'autorité est intériorisée, en vertu de l'instauration d'un Surmoi. Alors les phénomènes de conscience (morale) se trouvent élevés à un autre niveau, et l'on ne devrait parler de conscience et de sentiment de culpabilité qu'une fois ce changement opéré. Dès lors l'angoisse d'être découvert tombe aussi, et la différence entre faire le mal et vouloir le mal s'efface totalement, car rien ne peut rester cacher au Surmoi, pas même des pensées. Toutefois la gravité réelle de la situation a disparu du fait que l'autorité nouvelle, le Surmoi, n'a aucune raison, croyons-nous, de maltraiter le Moi auquel il est intimement lié. (...)

« Nous connaissons ainsi deux origines au sentiment de culpabilité : l'une est l'angoisse devant l'autorité, l'autre, postérieure, est l'angoisse devant le Surmoi. La première contraint l'homme à renoncer à satisfaire ses pulsions. La seconde, étant donné l'impossibilité de cacher au Surmoi la persistance des désirs défendus, pousse en outre le sujet à se punir.

« À l'origine, le renoncement est bien la conséquence de l'angoisse inspirée par l'autorité externe ; on renonce à des satisfactions pour ne pas perdre son amour. Ceci une fois accompli, on est pour ainsi dire quitte envers elle ; il ne devrait alors subsister aucun sentiment de culpabilité. Mais il en va autrement de l'angoisse devant le Surmoi. Dans ce cas, le renoncement n'apporte pas un secours suffisant, car le désir persiste et ne peut être dissimulé au Surmoi. Un sentiment de faute réussira par conséquent à naître en dépit du renoncement accompli.

« Dès lors le renoncement aux pulsions n'exerce plus aucune action pleinement libératrice, l'abstinence n'est plus récompensée par l'assurance de conserver l'amour, et l'on a échangé un malheur extérieur menaçant – perte d'amour de l'autorité extérieure et punition de sa part – contre un malheur intérieur continuel, à savoir cet état de tension propre au sentiment de culpabilité. »

Si dans la plupart des cas le sentiment de culpabilité est vécu comme une « maladie » à cacher (un *mal-à-dire*), et son angoisse nourricière comme un fléau à éradiquer, faut-il pour autant en négliger les éventuels effets positifs ? Car si l'homme ne connaissait ni l'angoisse ni le sentiment de culpabilité, serait-il encore homme ? Ces deux états, bien qu'éminemment redoutés, ne sont-ils pas nécessaires pour ouvrir la porte à la conscience de responsabilité, et donc être garant de la liberté de l'homme ?

Dans *La Peur et la Faute*, E. Drewermann ausculte le problème de l'angoisse et du mal en tentant d'aller au-delà de la pure psychanalyse : « Sans doute la psychanalyse a-t-elle bien montré qu'on ne saurait progresser vers la maturité sans avoir eu à affronter l'angoisse. Mais cela n'empêche pas moins les gens de se réclamer continuellement d'elle pour chercher à réduire ou même à éliminer totalement tous les dangers qui peuvent menacer la vie publique comme la vie privée.

« Il faut ici aller beaucoup plus loin que la psychanalyse ou que les sciences du comportement, car l'angoisse n'est pas quelque chose qui arriverait à l'homme de l'extérieur : elle lui est essentielle. Elle n'est rien d'autre que le reflet subjectif du fait d'être conscient et libre. Pour parler comme le Yahviste, il faudrait dire que toute prise de conscience implique une intervention de ce “serpent” qui, dans les mythes, incarne le néant, l'abîme présent au cœur de tout ce qui est créé.

« Il suffit de considérer le monde animal pour y trouver déjà tous les modèles de nos propres angoisses : il nous présente en ébauche toute la galerie de nos peurs.

« L'homme toutefois est le seul être qui peut et

même qui doit percevoir que la pauvreté, la solitude, la maladie, l'exclusion et la mort sont tout autre chose que de simples données contingentes et momentanées : elles constituent des menaces immanentes à sa propre nature, elles sont donc inévitables. Dès qu'il prend conscience de soi, donc aussitôt qu'il devient homme au sens plein du terme, il se heurte violemment au fait de sa contingence, de sa non-nécessité, de son caractère superflu. Il découvre intérieurement que sa vie n'a pas par avance un sens inébranlable, et c'est ce qui l'inquiète profondément : sa liberté implique la possibilité de son échec total. (...)

« La portée essentielle de la doctrine du péché originel, c'est donc d'apprendre à l'homme (avec tout ce que la psychanalyse a pu lui révéler sur lui) à se comprendre comme un être qui peut être malade d'angoisse s'il n'arrive pas à poser l'acte de confiance qui lui permettrait de surmonter cette angoisse qui le caractérise. Si on prétend l'en délivrer en s'appuyant sur une théorie qui la réduit à quelque chose de purement extérieur, on le prive en fait de son trésor le plus précieux : de sa conscience et de sa liberté. Un homme sans angoisse ne serait plus un homme. C'est ici que la psychanalyse doit reconnaître son immense besoin de la théologie. (...)

« Ce qui est vraiment dangereux au plan personnel, ce ne sont pas les incapacités innées, mais bien les exigences exagérées qu'on leur oppose et les formations réactionnelles que cela provoque, y compris la fuite sous le masque de l'étroitesse d'esprit. La première question à poser, c'est de savoir comment considérer l'homme : doit-on vraiment penser qu'il est a priori bête et paresseux, et que ce serait cela qui le rendrait essentiellement méchant ? Ou ne doit-on pas penser plutôt que l'homme voudrait le bien et qu'il aspirerait à la vérité si seulement la peur le laissait en repos ?

« Dans ce cas, il n'y aurait plus aucune raison de le dénigrer. Il faudrait au contraire acquiescer à la parole du Sermon sur la montagne disant qu'il n'y a finalement pas de sens à s'opposer par la violence au méchant (Mt 5,39). On pourrait alors comprendre la signification et le but de la religion quand elle déclare que seule la foi qui vainc la peur est capable de guérir à la racine un homme malade de sa méchanceté. »

Mais face à l'angoisse devant le retrait de l'amour, et le douloureux sentiment de culpabilité qui en découle, certains peuvent arriver à cultiver une forme d'indifférence, de pseudo-détachement, de froideur envers les autres, y compris (et sans doute avant tout) envers ceux qui *semblent* leur refuser tout amour. Ce piège menant à l'insensibilité est d'autant plus séduisant comme refuge qu'il est, dans notre société actuelle, très souvent couronné au détriment de la sensibilité vécue, elle, comme une faiblesse (voire une tare) dans un monde où les échanges affectifs sont regardés comme une perte de temps !

Nous parvenons alors à cet étonnant constat : la jeunesse actuelle semble souffrir d'un *manque* de sentiment de culpabilité (qui induit indifférence et insensibilité aux conséquences de leurs actes...), d'où des faits divers chaque jour plus inquiétants et dramatiques.

Il convient peut-être alors de ne pas oublier cette phrase de Roland Jaccard : « Derrière ce masque de souveraine indifférence se dissimule toujours un profond sentiment d'insécurité et de mépris de soi. »

Puis, peut-être... méditer sur cette douce parole de Frère Jean : « L'amour du prochain pressent la demande de l'autre. Celui qui oblige l'autre à demander son dû, le rend mendiant. "Est-ce que tu m'aimes ?" "Tu sais bien que je t'aime !" Quelle souffrance pour celui qui reçoit cette réponse. »

Le remords : aiguillon de la conscience

Qu'il soit ponctuel ou chronique, le sentiment de culpabilité impose toujours la lourde présence de ses rejetons : la honte, le mensonge, l'agressivité, la mésestime de soi, parfois même l'autodestruction, etc. Mais cette armée des ombres est sans cesse galvanisée par un chef redoutable et exigeant : le remords !

Un remords qui n'en finit jamais de se chercher un os à ronger, et qui se ferait même un festin de la plus petite erreur. Un remords aux crocs d'autant plus acérés qu'il est perpétuellement mis en appétit par un manque abyssal : cette sensation de n'être rien, ni aimé ni aimable, au point de finir par se considérer comme l'unique cause de tout malaise ambiant.

Pourtant, dans le langage courant, quand il s'agit de mettre en mot un sentiment de culpabilité lié à une faute (réelle ou supposée), nous employons plus volontiers le terme de regret que celui de remords. Ne serait-ce pas pour, inconsciemment, alléger le fardeau de peur qui nous habite ? En effet, s'il est délicat de poser une frontière nette entre le regret et le remords, il existe néanmoins une différence de *poids !*

V. Jankélévitch oppose « la brume du regret » à « l'obsédant remords »... Dans *L'Irréversible et la Nostalgie*, il va même jusqu'à parler de « la poésie du regret et de l'éthique du remords » ; le remords étant pour lui l'anti-poésie par excellence ! « À cette brume du regret, dit-il, opposons des états aussi opaques et pesants que le plomb, états dont le plus empirique est la honte, le plus aigu le désespoir et le plus chronique le *remords*. Le regret est relativement léger par rapport au remords, comme l'impondérable espérance est elle-même infiniment plus légère que le lourd regret.

« Si le regret est compatible avec la très vaine illusion de renverser l'irréversible, le remords est le désespoir de jamais révoquer l'irrévocable. L'homme du regret voudrait combler un vide, ou tout simplement revivre, revenir, retenir. L'homme du remords, au contraire, voudrait effacer une saillie du devenir ; son propos n'est pas de revivre le passé, mais bien plutôt de le "dévivre" : tantôt il croit revenir en deçà de la faute à révoquer, tantôt il espère devenir au-delà de cette faute, et foncer tête baissée vers l'avenir, et faire du neuf en fuyant le plus loin possible de ce passé maudit. (...)

« Le regret subit le vain attrait du passé qu'il regrette, mais le remords voudrait anéantir le passé qui le hante ; le remords n'éprouve pour son idée fixe à lui que répulsion et aversion ; l'homme du remords, obsédé par la présence du passé, en écarte l'image avec horreur ; il se bouche les oreilles pour ne pas entendre la voix de son crime, il se bande les yeux pour ne pas en voir le spectre. L'obsédant remords engendre chez le coupable le désir non pas de ressusciter le passé, mais de l'ensevelir à jamais sous la terre et de refermer sur lui la dalle du sépulcre.

« Pour celui qui regrette l'irréversible, les ombres légères du souvenir sont aussi les chers fantômes de la nostalgie passéiste ; le regret lui-même est un mélancolique attendrissement. (...)

« Le remords au contraire, sous sa forme caractéristique, est la souffrance morale que le coupable éprouve au souvenir de sa faute. Il ne s'agit plus de revivre un événement vécu, mais d'écarter à jamais le souvenir d'un acte ou d'une décision ; il ne s'agit plus de redonner vie à de gracieux fantômes, mais de chasser les spectres sinistres qui hantent une conscience fautive. À l'opposé de toute nostalgie, le "passéisme" désigne ici un mal obsessionnel, lancinant et stationnaire. D'une obsession à un attardement poétique il y a loin !

« On peut même se demander si le remords est vraiment un "sentiment", au sens où le regret en est un. Le remords est bien plutôt la souffrance d'une morsure, la cuisson qui résulte d'une brûlure. Le remords ne rend pas éloquent ou persuasif celui qui l'éprouve, mais tout au contraire il nous rend taciturne ; il tarit le flot du discours et de la parole poétique. Quand le remords a retrouvé, dans la confession et le *mea culpa*, un accès au langage parlé, il est déjà presque guéri ; et il s'appelle, dès lors, repentir. L'homme rongé de remords inavoués se replie non pas dans le silence apophatique qui enveloppe l'amour et la temporalité, mais dans le mutisme purement négatif où nous enferme la mort. L'homme du passé irrévocable dans son cachot scellé est un emmuré vivant. »

Indéniablement, le remords ressemble à « une sale bête » tapie dans les flancs de la culpabilité ; un féroce carnassier à la solde de notre conscience, pourvoyeur d'un mutisme « mortel ».

À moins... (et ceci devient capital) qu'il puisse

être formulé, c'est-à-dire avoué, confessé, et ainsi se transformer en repentir.

Le repentir serait alors le gué permettant de franchir le torrent en cru de nos peurs et de nos hontes, pour enfin passer de la rive de la culpabilité à celle de la responsabilité féconde.

Mais, si le remords « s'emploie à chasser les spectres sinistres qui hantent une *conscience fautive* », encore faut-il s'interroger sur ce que l'on entend par « conscience ». D'une part, est-ce inné ou acquis ? Et d'autre part, si la conscience semble être le « tuteur actif » de l'évolution morale d'un être, peut-elle être à son tour développée, cultivée ?

Observer le sentiment de culpabilité par le judas de la conscience nous amène naturellement à la notion de morale et de devoir. Le sentiment moral étant intimement lié au sentiment de culpabilité, faut-il, en constatant que certains semblent dépourvus de sentiment de culpabilité en déduire pour autant qu'ils sont également démunis de tout sentiment moral ?

Si, dans *Doctrine de la vertu*, E. Kant insiste particulièrement sur le fait qu'il n'y a aucune *obligation* à acquérir certaines qualités morales, néanmoins ne soyons pas trop prompts à nous réjouir d'un tel alibi : Kant nous rappelle que, dans ce cas précis (comme dans d'autres) absence d'obligation ne signifie pas autorisation et encore moins laxisme.

« Il existe, dit-il, des qualités morales telles que, quand on ne les possède pas, il ne peut pas non plus y avoir de devoir qui oblige à les acquérir. Ce sont le *sentiment moral*, la *conscience*, l'*amour du prochain* et le *respect* pour soi-même *(estime de soi)*. On n'est point obligé de posséder ces qualités, car ce sont des conditions *subjectives* de la réceptivité pour le concept du devoir et elles ne se trouvent pas au fondement comme conditions *objectives* de la moralité. Elles sont toutes des prédispositions de l'âme *esthétiques*, mais naturelles, à être affectée par les concepts du devoir. On ne peut considérer comme un devoir de posséder ces dispositions, mais tout homme les a et grâce à elles il peut être obligé. La conscience de ces dispositions n'est pas empirique ; elle ne peut être que la conséquence de la seule loi morale, en tant qu'effet de cette dernière sur l'âme. »

Nous voilà avertis ! Certes, nous n'avons aucunement le *devoir* (terme qui en hérisse beaucoup...) de posséder ni sentiment moral ni conscience, ce d'autant que nous les avons déjà ! Mais reste à savoir où... ? Car il demeure toutefois une obligation : celle de *cultiver ce sentiment et même le fortifier en admirant son origine insondable.*

D'ailleurs, pour ceux qui voudraient se soustraire à tout effort, en prétendant ne rien avoir à « cultiver », Kant coupe court à toute mauvaise foi : « Il n'est pas d'homme dépourvu de tout sentiment moral ; si une personne manquait entièrement de réceptivité pour cette sensation elle serait moralement morte, et si (pour tenir le langage des médecins) la force vitale morale ne pouvait plus exercer aucune excitation sur ce sentiment, alors l'humanité devrait se dissoudre (en quelque sorte suivant des lois chimiques) dans la simple animalité et se confondre sans retour avec la masse des autres êtres de la nature. »

Ainsi donc, si l'on tient à revendiquer son humanité, mieux vaut écouter sa conscience (même si ce qu'elle nous murmure ne nous plaît guère) et assumer ses actes que faire le sourd et prétendre à une peu crédible indigence de sentiment.

Certaines expressions populaires sont particulièrement éloquentes à l'encontre de ceux et celles qui font fi de tout sentiment moral ou de conscience : « Méchant comme une teigne ! »

« Borné comme une mule ! » « Patient comme une guêpe ! », etc.

Voilà comment, à prétendre avoir parlé ou agi *inconsciemment*, on se retrouve *dissous dans la simple animalité et menacé d'être confondu sans retour avec la masse des autres êtres de la nature...*

Plus que jamais, il est bon de se rappeler cette parole du philosophe : « L'inconscience n'est pas manque de conscience, mais un penchant à ne point se soucier du jugement de la conscience. »

POUR ALLER PLUS LOIN

Malaise dans la civilisation, S. Freud, PUF.

Par-delà bien et mal, F. Nietzsche, Gallimard, « Folio essais ».

Difficile Liberté, E. Levinas, Albin Michel et « Biblio-essais ».

L'Exil intérieur, Roland Jaccard, Seuil, « Points ».

La Peur et la Faute, E. Drewermann, Le Cerf.

Déprivation et délinquance, D.W. Winnicott, Payot.

La Responsabilité, J.-M. Domenach, Hatier, « Optiques philosophie ».

L'Irréversible et la Nostalgie, V. Jankélévitch, Flammarion.

La Culpabilité allemande, K. Jaspers, Minuit.

Les Destins de la culpabilité, N. Jeammet, PUF.

Doctrine de la vertu, E. Kant, Vrin.

BIOGRAPHIE DES AUTEURS

JEAN-YVES LELOUP est né en 1950 à Angers.Docteur en théologie mais également en philosophie et psychologie, il est l'auteur de nombreux ouvrages où la richesse de sa triple formation offre à la fois un approfondissement des textes sacrés (traductions et commentaires) et une réflexion sur la spiritualité au quotidien. En complémentarité de ses écrits, il anime conférences et séminaires en France et à l'étranger.

PHLIPPE NAQUET, né le 18 mars 1957 à Avignon, est docteur en médecine et docteur ès sciences. Il est actuellement professeur d'immunologie à la Faculté des sciences, chercheur au centre d'immunologie INSERM et CNRS de Marseille, ainsi que professeur à l'Institut universitaire de France. Il est l'auteur de très nombreuses publications scientifiques en immunologie et biologie, parues dans différentes revues internationales. Son regard aigu, et sans complaisance, de scientifique rompu aux dangers de l'illusion et à la réalité concrète de l'échec, apporte un témoignage précieux sur la manière de vivre le sentiment de culpabilité dans le cadre professionnel, et par extension dans la vie quotidienne.

PAUL RICŒUR, né en 1913 et décédé en 2005, fut l'un des plus grands philosophes de notre époque. Il a enseigné successivement à la Sorbonne puis à Paris-X, et parallèlement à l'université de Chicago. Il est l'auteur de nombreux livres situés au carrefour de la phénoménologie, de l'herméneutique et de l'analyse du langage.

STAN ROUGIER est l'auteur de nombreux ouvrages où l'amour tient toujours une place incontournable. Il est né le 23 juin 1930 à Jurançon dans les Pyrénées-Atlantiques. Aujourd'hui prêtre depuis quarante ans, rattaché au diocèse d'Évry, il est également conférencier, animateur de retraites et prédicateur au « Jour du Seigneur » et à « France Culture ». D'autre part il fut, durant presque une dizaine d'années, éducateur de jeunes délinquants.

BIBLIOGRAPHIE DES AUTEURS

JEAN-YVES LELOUP (sélection) :

Chez Albin Michel

L'Évangile de Thomas, 1986.
L'Évangile de Jean, 1989.
L'Absurde et la Grâce, 1991.
Écrits sur l'Hésychasme, 1993.
Manque et plénitude, 1994.
Déserts, désert, 1996.
L'Évangile de Marie, 1997.
Sectes-Églises-Religions : de l'égarement au discernement, 1998.
Les Livres des morts, 1998.

PAUL RICŒUR (sélection) :

Aux éditions Aubier

Finitude et culpabilité, 1988.

Aux éditions du Seuil

Soi-même comme un autre, 1996.

De l'interprétation, 1995.

L'Idéologie et l'Utopie, 1997.

La Métaphore vive, 1997.

Aux PUF

Autrement, 1997.

Aux éditions Odile Jacob

Ce qui nous fait penser, la nature et la règle, Paul Ricœur et Jean-Pierre Changeux, 1998.

STAN ROUGIER (sélection) :

L'avenir est à la tendresse, Ed. du Cerf, 1994 ; Salvator, 2005.

Aime et tu vivras, Cana/D.D.B., 1985.

Accroche ta vie à une étoile, Albin Michel, 1996.

Nomade de l'éternel, Stock (Les manuels), 1994.

Montre-moi Ton visage, D.D.B., 1995.

Quand l'amour se fait homme, D.D.B, 1997.

Dieu était là et je ne le savais pas, Presses de la Renaissance, 1998 ; Pocket, 1999.

TABLE

Regards d'hier et d'aujourd'hui
par Marie de Solemne

« *Espaces libres* »

au format de poche

DERNIERS TITRES PARUS

120. *Religions en dialogue*, de J. MOUTTAPA.
121. *Le Courage de se libérer*, de P. et P. FENNER.
122. *Histoire des dalaï-lamas*, de R. BARRAUX.
123. *Du Sahara aux Cévennes*, de P. RABHI.
124. *Aux sources du zen*, d'A. LOW.
125. *Le Curé de Nazareth*, d'H. PROLONGEAU.
126. *L'Évangile d'un libre penseur*, de G. RINGLET.
127. *Le Courage de vivre pour mourir*, de N. MASSON-SEKINÉ.
128. *Quand la conscience s'éveille*, d'A. DE MELLO.
129. *Les Fables d'Ésope*, de J. LACARIÈRE.
130. *L'Esprit des arts martiaux*, d'A. COGNARD.
131. *Sans les animaux le monde ne serait pas humain*, de K.L. MATIGNON.
132. *L'Arc et la Flèche*, d'A. DE SOUZENELLE.
133. *Adieu, Babylone*, de N. KATTAN. Préface de M. TOURNIER.
134. *Le Gardien du feu*, de P. RABHI.
135. *La Prière parallèle*, de C. PAYSAN.
136. *Dieu a changé d'adresse*, d'O. VALLET.
137. *La Danse de la réalité*, d'A. JODOROWSKY.
138. *Le Courage de changer sa vie*, d'A. DUCROCQ.
139. *Le Maître de nô*, d'A. GODEL.
140. *Les Fleurs de soleil*, de S. WIESENTHAL.
141. *Khalil Gibran*, de J.-P. DAHDAH.
142. *Ces ondes qui tuent, ces ondes qui soignent*, de J.-P. LENTIN.
143. *Les Dix Commandements intérieurs*, d'Y. AMAR.
144. *Guérir l'esprit*, collectif avec J.-Y. LELOUP, F. SKALI, Lama D. TEUNDROUP.
145. *La Quête du sens*, ouvrage collectif.
146. *La Foi ou la nostalgie de l'admirable*, de B. VERGELY.
147. *Traversée en solitaire*, de M.-M. DAVY.
148. *Éloge de la fragilité*, de G. RINGLET.

149. *L'Échelle des anges*, d'A. JODOROWSKY.
150. *Petite grammaire de l'érotisme divin*, d'O. VALLET.
151. *La Troisième Voie*, de D.E. HARDING.
152. *Le Rire du tigre*, de M. DE SMEDT.
153. *L'Effort et la Grâce*, d'Y. AMAR.
154. *Appel à l'amour*, d'A. DE MELLO.
155. *L'Homme intérieur et ses métamorphoses*, de M.-M. DAVY.
156. *Dictionnaire de la symbolique des rêves*, de G. ROMEY.
157. *Le Christianisme en accusation*, de R. RÉMOND et M. LEBOUCHER.
158. *Entre désir et renoncement*, M. de SOLEMNE avec J. KRISTEVA, R. MISRAHI, S. GERMAIN et D. RIMPOCHE.
159. *Sadhana, un chemin vers Dieu*, d'A. DE MELLO.
160. *L'Amour comme un défi*, de S. ROUGIER.
161. *Du bon usage de la vie*, de B. BESRET.
162. *La Grâce de solitude*, M. de SOLEMNE avec C. BOBIN, J.-M. BESNIER, J.-Y. LELOUP et Th. MONOD.
163. *Le Meneur de lune*, de J. BOUSQUET.
164. *Vivre l'islam*, du Cheikh K. BENTOUNÈS.
165. *Méditation et psychothérapie*, ouvrage collectif.
166. *Les Échos du silence*, de S. GERMAIN.
167. *Aimer désespérément*, M. de SOLEMNE avec A. COMTE-SPONVILLE, É. KLEIN, J.-Y. LELOUP.
168. *Entre sagesse et passions*, ouvrage collectif dir. par Alain HOUZIAUX.
169. *Écologie et spiritualité*, ouvrage collectif.
170. *L'Évangile des païens, une lecture laïque de l'évangile de Luc*, d'O. VALLET.
171. *Simone Weil, le grand passage*, dir. par F. L'YVONNET.
172. *Histoires d'humour et de légende*, d'A. de MELLO.
173. *L'Avenir de l'homéopathie*, de C. BOIRON.
174. *Qu'Allah bénisse la France !*, d'ABD AL MALIK.
175. *Soigner son âme. Méditation et psychologie*, de J. VIGNE.
176. *La Sagesse des contes*, d'A. JODOROWSKY.
177. *Innocence et culpabilité*, de M. de SOLEMNE, avec P. RICŒUR, St. ROUGIER, Ph. NAQUET et J.-Y. LELOUP.

Composition Nord Compo
Impression Bussière, avril 2007
Éditions Albin Michel
22, rue Huyghens, 75014 Paris
www.albin-michel.fr
ISBN 978-2-226-17829-9
ISSN 1147-3762
N° d'édition : 24177. – N° d'impression : 071388/1.
Dépôt légal : mai 2007.
Imprimé en France.